내
마음은
내가
결정합니다

내 감정의 주인이 되는 자기결정권 연습

정신건강의학과 전문의 정정엽 지음

내 마음은 내가 결정합니다

다산
초당

○

내 마음의 빈 공간을 채워주는 심리학의 시선

"우리 세대의 가장 위대한 발견은 인간이 자신의 마음가짐을 바꿈으로써 삶을 바꿀 수 있다는 사실이다." 근대 심리학의 창시자 윌리엄 제임스의 말이다. 이 말이 무색하게 우리는 너무나 자주 내 마음을 등한시한다. 내가 원하는 것, 내가 좋아하는 일은 뒤로하고 남들이 좋다고 말하는 것, 남들이 내게 하길 바라는 일을 삶의 1순위로 올려놓는다.

무의미함과 허무함에 시달리게 되는 것은 필연적인 일이다. 그러면서도 선뜻 이런 태도에서 벗어나지 못한다. 삶이 어딘가 부족한 것처럼 느껴지기 때문이다. 이 부족함만 채우면 혼란스러운 감정들도 다 없어질 거라 생각해 자신을 더욱 채찍질한다. 그 대상은 학벌이나 지위, 명예일 수도 있고 돈, 직장, 인기일 수도 있다. 그러나 아무리 노력해도 다 따라잡았다고 생각할 때 이들은 더 멀리 도망간다.

아무리 높이 올라가도 나보다 더 높이 있는 사람이 눈에 들어오고, 아무리 많이 가져도 나보다 더 많이 가진 사람이 빛을 내며 서 있다. 그러면 아쉬움과 초조함이 덮쳐오고 결코 만족할 만한 수준에 가닿지 못할 거라는 절망감에 휩싸인다. 열심히 사는 것도 버거워진다. 그렇게 무기력에 빠지며 서서히 삶의 주도권을 잃어버리게 된다.

대다수의 한국인은 우울증까지는 아니더라도 어느 정도의 우울함을 달고 사는 것 같다. 그 이유를 추적해보면 이 정도는 살아야 한다는 식으로 삶의 수준을 정해놓기 때문이다. '이 정도 회사에서 이만한 월급을 받으면서 살아야 돼'라며 좁디좁은 세계 안에 자신을 구겨 넣는다.

주변을 조금만 살펴봐도 다른 선택지가 있음을 알 수 있는데, 여전히 좁은 시야로 '이곳(또는 이 사람)이 아니면 안 돼', '남들도 다 하는데 나만 안 할 수 없어'라고 생각한다. 그래서 이 좁은 공간에 갇혀 기쁨을 증가시키는 방향이 아니라 슬픔이나 두려움을 소거해가는 식으로 살아간다. 즐거운 일을 하는 대신, 부족함을 채우는 일에 모든 에너지를 쏟는다는 말이다.

나 역시 마찬가지였다. 의대에 가기 위해, 의사가 되기 위해, 좋은 전공을 선택하기 위해, 돈을 많이 벌기 위해 무던히도 애썼다. 모두 남들이 보기에 번듯한 삶을 살기 위함이었다. 운이 좋아 목표한 바들을 여럿 이루었지만 만족감은 찰나였고 매번 더 큰 욕심이 생겼다. 목표를 이루면 채워질 거라 생각했던 결핍감이 결코 채워지지 않았기 때문이다.

성취로 인한 기쁨은 짧았고 결핍을 채우기 위해 새롭게 세운 목표는 끝없이 나를 압박하고 힘들게 만들었다. 끝 모를 욕심과 지칠 줄 모르는 비교, 점점 커져가는 시기심과 이를 보상하기 위해 꾸며내는 자만심, 성공하지 못했을 때의 우울감과 삶의 곳곳에 자리 잡은 불안……. 이 속에서 나는 갈피를 잡지 못해 허우적거렸다.

이제는 나를 힘들게 하는 생각이 떠오를 때, 그것을 어떻게 다스려야 하는지 안다. 나는 그 열쇠를 정신의학에서 발견했다. 전공으로 정신의학을 공부하면서 내가 삶을 그리도 악착같이 살았던 것이 비어 있던 내 마음 때문이라는 사실을 알았다. 그리고 조금이나마 괴로운 마음들을 놓아버리고 만족감과 편안함을 느낄 수 있는 방법을 찾았다.

내가 찾은 방법은 아래의 세 가지로 요약할 수 있다.

- 잘 자고, 잘 먹고, 잘 쉬는 것
- 나라는 사람을 심리학적 관점에서 보는 것
- 세상과 주위 사람을 심리학적 관점으로 보는 것

너무 간단해서 어리둥절할지도 모르겠다. 그래도 우선 첫 번째부터 확인해보자. 최근 일주일 동안 잘 자고 잘 먹고 잘 쉬었는가? 선뜻 그렇다고 대답할 수 있는 사람은 많지 않을 것이다. 무의미함, 공허함, 무기력을 느끼는 사람에게 제일 먼저 필요한 일은 삶의 기본적인 만족감을 느끼는 것이다. 가장 기본은 잘 자고, 잘 먹고, 잘 쉬는 것이다(물론 잘 쉬는 것에는 잘 움직이고, 잘 노는 것이 포함된다). 하지만 역사적으로 가장 풍족한 이 시대에도 이 세 가지를 만족스럽게 누리는 사람은 찾기 힘들다. 우리가 좇는 그 무언가를 위해 너무 쉽게 포기하기 때문이다.

이 세 가지 행위는 인간이라면 누구나 매일 반복하는 일이다. 매일 반복된다는 것은 그만큼 어떤 일보다도 중요하다는 뜻이다. 이따금씩 일어나는 이벤트 같은 일보다 말이다.

잘 자고, 잘 먹고, 잘 쉼으로써 삶의 기본적인 만족감을 느끼기 시작하면 무언가 해보고 싶다는 의욕이 생긴다. 무의미함, 공허함, 무기력을 이겨낼 수 있는 힘은 이 같은 기본적인 만족감이 충족되고 나서부터 생긴다. 기본이 채워져야 내가 무엇을 좋아하는지, 좋아한다는 것의 느낌이 무엇인지 알 수 있다. 더 높은 차원에서의 만족감과 삶의 의미는 이러한 경험을 토대로 세워진다.

잘 먹고 잘 자고 잘 쉬는 일이 일시적인 일에 그치지 않으려면 두 번째와 세 번째 방법을 통해 근본적인 삶의 자세를 바꿔야 한다. 나와 세상을 바라보는 시선에 심리학적 관점을 추가한다는 것은 상황을 파악하고 대처할 또 다른 무기를 갖는다는 것을 의미한다.

나는 정신건강의학과 전문의 정정엽이다. 나는 정정엽인데, 세상은 나를 정신건강의학과 전문의로만 본다. 세상은 어쩌면 내가 정정엽이라는 것에는 관심조차 없을 수도 있다. 대통령은 대통령이고 재벌은 재벌일 뿐 그 개인에는 관심이 없는 것처럼 말이다.

심리학적 관점으로 본다는 것은 한 개인의 존재 그 자체에 관심을 쏟는다는 이야기다. 그 사람이 얼마나 많은 돈이 있고 어느 위치에서 얼마나 큰 힘을 발휘하는지가 아니라, 그 사람이 어떤 경험을 하며 살았고, 무엇을 느끼고 어떻게 행동했는지 그리고 무엇을 기억하며 살아가는지를 바라보자는 뜻이다.

나 자신에게, 그리고 내 주변 사람에게 삶을 어떤 태도로 대하는지, 삶의 목적은 무엇인지 물어본 적이 있는가? 물어본 적도 없고 관찰한 적도 없다면 아직 나와 상대의 진짜 가치를 제대로 알고 있다고 할 수 없다. 그 사람이 가진 것이 아닌 그의 경험과 생각에 초점을 맞출 때 우리는 그의 새로운 모습을 발견할 수 있다. 우리 마음속에 비어 있는 한구석도 이 시선 아래에서 채워질 것이다.

나를 바라보고, 세상을 바라보는 방향에 대해 다시 한번 생각해보았으면 하는 마음에 책을 쓸 용기를 낼 수 있었다. 무엇을 채울 것인가를 고민하기 전에 선행되어야 할 일은 마음의 빈 공간을 점검하는 일이다. 여태까지 마음을 돌본 적이 없다면 지금 몇 살인지와 상관없이 새삼스럽게 자기 자신을 관찰하고 발견하고 이해해줘야 한다. 그제야 비로소 세상에 휘둘리지 않고 다른 사람에게 등 떠밀리지 않고 단단하게 나의 인생을 살 수 있다. 삶의 주도권을 찾게 된다는 말이다.

인생이 나의 의지와 상관없이 어디론가 떠밀려가고 있는 것처럼 느껴진다면, 애쓰며 열심히 살았는데 종착지가 내가 바라던 곳이 아닌 것 같다면, 삶이 버겁고 힘들어서 자꾸만 무기력에 빠진다면, 심리학으로 새로운 돌파구를 찾을 수 있기를 바란다. 그 길에 이 책이 의지할 수 있는 동료가 된다면 더 바랄 것이 없겠다.

차례

2장

내 감정을 읽는 연습

5장

무엇에서든 자유로운 삶을 위하여

에필로그

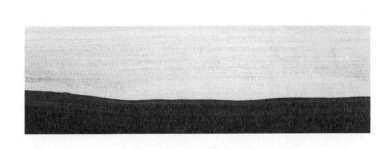

1장

내 마음이 내 마음 같지 않을 때

나를 모른 채
어른이 되어버린 사람들

＋

내가 운영하는 의원이 광화문에 있다 보니 근처 회사에 다니는 직장인을 많이 만난다. 겉으로 보면 아쉬울 것 하나 없는 사람들 같지만 속사정을 들어보면 그 누구에게도 세상살이가 만만하지 않다는 걸 새삼 깨닫는다.

그들은 한참을 망설이다 "제가 왜 이러는지 모르겠어요", "제가 여기서 뭘 하고 있는 걸까요?" 하고 마음을 털어놓는다. 지금 자신이 어떤 상태에 처했는지, 무엇을 어떻게 하고 싶은지는 물론이고, 심한 경우 자신이 어떤 사람인지 모르겠다며 혼란스러워한다. 자신이 누구인지 모른다는 말은 곧 자신이 어떤 감정과 생각으로 행동하는지 모른다는 뜻이다. 자신이 무엇을 좋아하고 무엇을 싫어하는지 확신하지 못하는 것이다.

대부분의 사람들이 다른 사람 일이나 바깥세상의 문제에는 전문가 못지않은 태도를 취한다. 회사가 위기 상황에 직면했을 때에는 일사불란하게 문제가 무엇인지, 이게 왜 문제가 되는지 맥락을 파악하고 그에 따른 해결책을 내놓는다. 하지만 자신의 괴로움에 관해서는 그러지 못한다. 이 괴로움이 무엇으로부터 시작되었는지, 어떻게 해결해야 좋을지 제대로 알지 못한다. 그러니 당연히 무슨 이야기를 해야 할지, 어떻게 표현해야 할지조차 모르는 것이다. 괴로움은 뿌연 안개에 휩싸여 있고 혼란이 심할 때는 이 괴로움이 내가 이상하기 때문인지, 상대방이 잘못했기 때문인지도 헷갈리게 된다. 모두 마음을 다루는 방법을 모르기 때문에 벌어지는 일이다. 그래서 자꾸 바깥세상 다루듯이 마음을 다루려고 한다.

이렇게 살면 행복해질 줄 알았는데

이는 비단 광화문 직장인들만의 문제는 아닌 듯하다. 5년째 운영하고 있는 〈정신의학신문〉의 상담 코너에는 매주 다양한 사람들의 사연이 도착한다. 사연을 보낸 사람들은 사는 곳도 하는 일도 나이도 각기 다르지만 그들 중 상당수가 절망과 슬픔, 자책과 후회, 불안과 공포, 무력감과 공허감을 토로한다. 그들은 열심히 살면 행복해질 줄 알았는데 도대체 언제쯤 행복해지는 건지, 지금까지 안간힘을 쓰면서 버텼는데 겨우 이런 인생밖에 살 수 없는 것인지, 노력하고 애썼던 지난 시간이 모두 무용한 것은 아닌지 걱정하며 다른 사람들은 다 잘 사는 것 같은데 나만 이렇게 삶이 어려운 것 같다며 괴로워한다. 지금 상황을 유지하는 것이 힘들고, 뭔가 달라지고 싶은데 어떤 변화를 원하는지 자기도 자기 마음을 알 수 없으니 전문의의 도움을 구한다.

이들은 대부분 누구보다 열심히 살고, 주변 사람들을 잘 챙기고, 똑똑하고 관찰력이 좋아서 타인이 자신에게 바라는 바를 잘 안다. 자신의 감정이나 생각을 억누르고 사랑받기 위해서, 인정받기 위해서, 기대에 부응하기 위해서 주변 사람들과 사회가 제시하는 이상적인 모습이 되려고 노력한다. 그러다 보니 자기감(sense of self)이 취약한 경우가 많다. 한마디로 '나는 어떤 사람이고, 무엇을 선호하며 또 싫어하는지'에 대한 감이 없다. 자신이 무엇을 좋아하는지 깨닫기도 전에 세상이 원하는 삶에 순응하는 경우가 의외로 많다. 내 것이 없는 상태에서 타인의 선호 가치로만 채운 삶은 위험하고 취약하다.

마음의 소리를 무시하게 만드는 원초적 본능

과학이 아무리 발전했다 한들 아직 우리의 뇌에는 원시적인 본성이 남아 있다. 내일을 맞이하기 위해서는 오늘 맹수에게 잡아먹히지 않아야 했던 바로 그 원시시대 말이다. 맹수보다 힘이 약했던 인간은 살아남기 위해 집단을 형성했다. 혼자서는 절대 싸울 수 없지만 무리 지어 싸우면 승산이 있기 때문이었다. 집단을 형성한 인간들 사이에는 위기의 순간에 서로를 먹잇감으로 몰아넣는 대신 서로가 서로를 지켜줄 거라는 믿음이 필요했고 그래서 내 편과 네 편을 구분하기 시작했다. 옳고그름, 좋고 나쁨의 기준을 만들었다.

사람들은 중요한 순간에 배신당하지 않기 위해 같은 집단 사람에게 내가 당신의 편이라는 걸 보여주려고 애썼다. 같은 것을 옳다고 믿고 같은 것을 좋다고 말하며 내 편이라는 유대감을 형성하는 것이 생존 전략이었다. 4차 산업혁명 시대에 맹수에 맞서 생존을 고민하던 시대의 이야기라니, 고리타분하게 느껴질 수도 있지만 인간의 마음은 여기에서 시작됐다.

　사람들은 내 편이라는 유대감을 강화하기 위해 생각을 발전시키고 개념을 공유하기 시작했다. 문화, 사회, 민족, 종교 같은 개념들 말이다. 인간이 인간보다 강한 생명체들을 이기고 지구의 지배자가 될 수 있었던 것은 모두 이 덕분이다. 우리는 아직 여기서 벗어나지 못했다. 우리가 집단 안에서 튀지 않으려고 노력하는 것도 다 이 때문이다.

　집단에서 소외받는 경험이 인간에게 미치는 영향은 사회심리학자 매튜 리버먼과 나오미 아이젠버거의 사이버볼(Cyberball)실험을 통해 확인할 수 있다. 사이버볼은 세 명의 플레이어가 서로 공을 주고받는 컴퓨터 게임인데, 일정 시간이 지나면 두 명의 플레이어가 실험 참가자에게는 공을 주지 않는다. 이때 뇌가 어떻게 반응하는지 '기능적 자기공명영상(fMRI)'으로 확인해보았더니 소외감을 느낀 사람의 뇌는 신체적 통증이 있을 때와 유사한 양상을 보였다. 우리가 집단에서 배제되었을 때 느끼는 고통이 몽둥이로 두들겨 맞았을 때 느끼는 고통보다 결코 적지 않다는 이야기다. 현대사회에서 우리가 여전히 집단의 평균을 신경 쓰며 살아가는 이유다.

　상황이 이렇다 보니 마음의 소리를 따라가기보다 주변에

서 남들이 좋다는 것을 쫓아가기 쉽다. 열심히 살고, 나름대로 크고 작은 성과도 이뤘지만 이게 다 무엇을 위한 것인지 답하기가 망설여지는 것은 그 때문이다. "이 길로 가야 좋다더라", "남들처럼 살려면 이 정도는 해야지" 같은 조언은 주변에 차고 넘친다. 세상에 받아들여지기 위한 최소한의 기준, 남들도 다 이렇게 산다는 정답의 삶을 완성하기 위해 노력하다 보면 내 마음을 들여다보는 일은 뒷전이 되기 일쑤다.

'사회와 얼마만큼의 교집합을 이루느냐?'가 성공까지는 아니어도 한 개인의 잘 살고 못 살고를 결정하는 사회. 이런 곳일수록 거의 모든 부분에서 좋다 나쁘다가 정해져 있다. 서열화의 온상으로 지목되는 대학뿐만이 아니라 재직 중인 회사, 아파트 평수, 입는 옷 등 거의 모든 대상에 서열이 있으며, 서열화에 대한 충성도는 맹목적인 수준이다. 사람은 입체적인 존재인데 한 줄로 늘어서 있는 선택지에 모든 사람이 자신의 삶을 구겨 넣는다. 그마저도 모두 앞줄에 서고 싶어서 치열하게 경쟁한다. 경쟁해서 이기거나, 앞서가는 상대를 끌어내려야만 행복할 수 있다. 원하는 삶이 있더라도 한 줄의 선택지에서 벗어나 원하는 삶을 찾아가는 일에는 너무나 큰 용기가 필요하다. 개인의 욕망보다 사회가 정한 정답을 우선시하는 까닭이다.

실체가 없는 평범함에 억압당하는 사람들

자신이 어떤 사람인지, 무슨 일을 해야 행복한 사람인지 하나도 모른 채 삶에서 중요한 결정을 내려왔던 사람들. 나는 이들이 심리적 자유를 박탈당한 채 자신의 존재와 욕구를 억압받아왔다고 생각한다.

평범하게 사는 게 가장 좋다고 말하지만, 한국 사회에서 평균으로 사는 것은 정말이지 녹록지 않은 일이다. 세상이 말하는 평범한 삶이란 어떤 모습인가? 학교를 다니는 동안 교우관계가 원만하며 적당히 우수한 성적으로 졸업해 적당히 좋은 대학교를 나와 남들이 이름을 들으면 아는 회사에 취직하고 사회가 정한 결혼 적령기에 결혼을 해야 한다. 행복한 신혼 생활을 즐긴 뒤 아이를 가져야 하며 30대 중반이 되면 적어도 중형차는 몰아야 하고, 브랜드 아파트에 내 집을 장만해야 한다. 유럽이든 동남아든 일 년에 한 번은 해외여행을 다녀와야 하는 것도 빼놓을 수 없다. 평범하다고 하기엔 현실적으로 너무나 벅찬 삶이다.

그런데도 미디어에서는 이런 모습이 당연한 것처럼 그려진다. 특히 소셜미디어는 그전에는 대문 안에 숨겨져 있던 타인의 삶을 더 적나라하게, 더 자주, 더 가까이에서 볼 수 있게 만들었는데 이는 어떤 면에서 저주나 다름없다. 자신의 욕망보다 타인의 욕망을 접할 기회가 더 많아졌기 때문이다.

자동차가 처음 출시되었을 때 광고는 자동차의 성능과 특징을 설명하는 데 초점을 맞췄다. 이후에는 광고 모델이 다른 모델에 비해 얼마나 승차감이 좋고 안전한지를 보여줬다. 요즘 광고는 어떠한가? 최근 자동차 광고에서 성능 언급은 찾아보기 힘들다. 대신 이 자동차를 운전하는 당신이 얼마나 세련되고 멋있어 보이는지를 보여준다. 비단 자동차 광고만이 아니다. 아파트 광고에서도 아파트의 품질보다 이 아파트에 사는 사람이 얼마나 행복하고 품격 있는 삶을 사는지를 그려낸다.

미디어는 끊임없이 행복하고 이상적인 삶의 모습을 제시하고 이 정도로는 살아야 남들만큼 사는 것이라고 유혹한다. 당신이 선택해야 할 삶의 모습은 바로 이런 것이라며 모범 답안을 제시한다. 삶의 정답을 사회가 정해주고 있다.

사회와 보폭을 맞추는 것도 좋지만 주변의 눈치를 살피느라 내 욕구를 기꺼이 포기해야 한다면 절대 행복해질 수 없다. 최근 〈스페인 하숙〉이라는 예능 프로그램에서 한 청년이 했던 말이 인상에 깊이 남았다. 산티아고 순례길을 걷고 있다는 그는

"저는 제때 밥 먹고 잘 자기만 해도 행복한 사람인데 왜 한국에 있을 때는 이것만 가지고는 행복하지 못했을까요?"라고 말했다. 삶의 터전에 있을 때는 소속 집단의 기준에 맞추느라 정작 자신에게는 소홀하게 되는 상황을 잘 짚어낸 말이다.

왜 어른들이 '평범하게 살아라, 남들처럼 살아라'라고 말하는지 짐작되지 않는 바는 아니지만 이는 결국 나를 감추고 사회가 요구하는 대로 살라는 말과 다름없다. 그렇다고 지금 당장 미지의 세계로 뛰어들어 완전히 새로운 것에 도전하라고 등 떠미는 것은 아니다. 자신이 무엇을 원하는지, 왜 원하는지를 먼저 살펴보자는 이야기다. 남들이 성공했다고 인정해주고, 사회가 정답이라고 말하는 삶을 살게 되어도 결국에는 이 모든 게 내가 원한 것이 아니었다는 절망에 부딪히게 된다. 내가 원하는 것도 모르면서 열심히 살아서는 우리가 바라는 행복에 가닿을 수 없다.

내 삶의 결정권은
누구에게 있는가

✦

개원한 지 얼마 되지 않았을 때 사회적으로 누구나 부러워할 만한 친구가 나를 찾아왔다. 늘 밝은 친구라 격려차 들른 것이라 생각했는데 뜻밖에도 상담을 받고 싶다고 했다. 우리나라 최고의 로펌에서 일하느라 업무상 스트레스가 많은가 했는데 이야기를 들어보니 단순 스트레스가 아니었다.

친구의 집안은 예상보다 훨씬 대단했다. 어머니, 아버지, 심지어 동생까지 모두 우리나라 최고 법대 출신이었고, 가족 대대로 판검사 또는 교수로 재직했다. 경제적인 부분 역시 걱정할 만한 요소가 전혀 없었다. 다만 친구는 가족 중에 유일하게 다른 법대에 들어가고, 판검사가 되지 못한 변호사였다.

친구는 바쁜 와중에도 짬을 내어 봉사활동을 했다. 청각장애인들에게 수어로 책을 읽어주는 일이었다. 그들과 수어로 대화를 나누면서 스스로를 많이 돌아보게 되었다고 했다.

"그 사람들에게는 세상 누구도 관심을 가지지 않아. 심지어 부모조차도. 대학에 가고 싶다고 하면 '네가 무슨 대학이야. 공장에 가서 돈이나 벌어'라는 말을 듣기 일쑤지. 그들이 아무리 원하는 일이라도 결정권이 없어. 결정권은 들을 수 있는 청인(聽人)들에게만 있는 거지.

나는 그 사람들을 보면서 나와 참 비슷하다는 생각을 했어. 아무도 봐주지 않았던 내 마음속 이야기와 그 사람들의 이야기가 닮았어. 언어가 통해서 대화가 되는 게 아니라 마음이 통해서 대화가 돼. 친하다고 생각했던 다른 친구들보다 더 잘 통한다는 느낌도 들어. 심지어 가족에게 하루 종일 이야기해도, 아니 평생을 이야기해도 이해받지 못하는 느낌이었는데 그 사람들과는 1분만 이야기해도 서로를 이해할 수 있어.

처음에는 봉사활동을 하러 간 거였는데 점점 그 사람들의 삶을 공부하면서 내 삶을 이해하게 됐어. 다 나를 보는 것 같아. 바다 밑에 가라앉아 있는 듯한 느낌, 물먹은 솜처럼 너무 무겁고 축 처져버린 듯한 느낌 말이야. '내가 어떻게 이들의 마음에 이렇게 공감할 수 있지' 하고 생각해봤더니, 내가 느꼈던 감정과 비슷하기 때문이라는 걸 깨달았어.

그 사람들은 '이렇게 하면 사랑받을 수 있겠지? 저렇게 하면 나를 인정해주겠지?'라고 생각하면서 스스로를 채찍질해. 하지만 결국에는 '내가 들을 수만 있다면 사랑받을 수 있었을 텐데'라는, 자기 능력으로 닿을 수 없는 곳까지 생각이 뻗어나가 버리지. 항상 모든 생각의 끝이 여기에 닿아버리니까 축 처지더라고.

나도 그랬었어. 지금은 이렇게 정리해서 말할 수 있는 정도가 되었지만 그전에는 화만 나고 내가 느끼는 감정을 제대로 말하지 못해 횡설수설하고, 이런 생각을 어떻게 받아들여야 할지 고민했었어. 이나마 정리가 되고 나니까 조금 괜찮더라고.

갑자기 나도 모르게 눈물이 떨어질 때도 있었어. '뭐지? 내가 왜 이러지?' 하면서 당황스러움을 견디는 게 제일 힘들었는데 왜 그런지 알고 나니까 좀 낫더라고. 눈물이 멈춘 건 아니지만 '아, 이래서 내가 그렇구나'라고 나를 이해할 수 있으니까 살 만해. 지금 당장은 아니지만 언젠가는 이 마음에서도 자유로워지는 날이 오지 않을까?"

손발을 묶어버리는 억압

행복의 제1조건은 무엇일까? 나는 자유라고 생각한다. 삶의 원동력이 되는 의미 역시 자유로운 삶에서나 충만할 수 있다. 자유가 있어야 자신의 생각대로 살 수 있고, 가치관에 맞게 살아야 삶이 의미로 가득해진다. 그런데 일견 자유가 보장된 것 같은 이 다양성의 시대에 진정 자유로운 사람은 찾기 힘들어 보인다. 우리 삶 곳곳에 자유를 방해하는 요인이 산재한 탓이다. 인간의 자유를 확대하고 보장하기 위해 탄생한 도구와 정책이 오히려 자유를 옭아매는 역효과를 내기도 한다. 스마트폰 덕분에 공간의 제약 없이 소통할 수 있게 되었지만, 언제든 연결될 수 있다는 점에서 연락이 닿지 않을 자유는 박탈당했다. 이렇듯 자유로운 삶을 방해하는 모든 요소를 나는 억압이라고 이야기하고 싶다.

정신의학에서 '억압'이라 함은 의식적으로 도저히 받아들이기 어려운 어떤 것을 의식 밖으로 밀어내는 과정을 말한다. 이 억압은 의식적으로 행해지는 것이 아니라 무의식적, 자동적으로 일어난다. 가장 원초적인 방어기제다.

뇌의 관점에서 보면 피질하 영역이 작동하는 것이다. 뇌는 크게 피질과 피질하 두 부분으로 나눌 수 있는데, 피질하는 감정이나 욕구 등 인간의 원초적인 부분이나 숨쉬기처럼 생명을 유지하는 일에 관여하는 영역이다. 그래서 거의 반사적으로 나온다. 정신과에서는 이를 '무의식적 반응'이라고 이야기한다. 이 부분은 생존에 주의를 집중하기 때문에 사회적 문제를 해결하는 데는 도움이 되지 않는다. 문제를 해결하는 역할은 뇌의 다른 영역인 피질이 담당한다. 피질은 생각이나 계획, 인지처럼 자신의 의지가 개입되는 영역으로 여기서는 모든 것이 의식적으로 이루어진다.

그런데 무의식적으로 발동하는 이 억압이 지속적이고 강력하게 작동하면 뇌가 분열되는 결과를 초래한다. 우리 뇌는 좌뇌와 우뇌로 나뉘어 있는데 좌뇌는 긍정적이고 안정적인 감정을 느끼고 타인과 잘 어울리며 자기주장을 할 수 있도록 도와주고, 우뇌는 부정적이고 불안한 감정을 느끼고 타인을 의심하고 경계하며 위험에 주의할 수 있게 도와준다. 좌뇌와 우뇌가 함께 활성화되면 어떤 경험에서라도 긍정적 측면과 부정적 측면을 두루 고려할 수 있다. 뇌신경과학자 조나 레러가 "인간의 뇌는 하나지만 실제로는 좌뇌와 우뇌, 즉 두 개의 분리된 덩어리로 되어 있다. 이 두 개의 분리된 덩어리는 우리에게 서로 다른 이야기를 한다"라고 말한 것도 이런 의미에서다.

　그러나 좌뇌와 우뇌가 분열되면 자기 자신과 삶을 긍정만 하거나 부정만 한다. 삶의 모든 경험을 한쪽으로밖에 받아들이지 못한다. 무조건 긍정적이고 낙관적으로 보거나, 비관적이고 부정적으로만 보게 되는데 그러다 보면 당연히 자신의 일부분을 부정하고 삶의 이면을 부정하게 된다. 결국 자신과 삶 전체를 부정하는 양상을 띠게 된다.

심리적 자유로 가는 길

　알코올 중독자 아버지에게 가정폭력을 당하며 자란 남자가 있다고 해보자. 이런 극심한 스트레스가 지속되는 경우 양극단의 양상이 나타날 수 있다. 자신도 알코올 중독자가 되어 가정폭력을 행사하거나, 아니면 술은 입에도 대지 않는 식이다. 양극단은 통한다고 하지 않던가. 알코올 중독자라는 억압 기제로 인해 양극단으로 튕겨져 나가면 전자처럼 물리적으로 주먹을 휘두르든 후자처럼 삶에 제한을 두든 어떤 식으로든 가족을 힘들게 한다. 억압을 해소할 방법은 자기 마음속에서 '통합'을 이루는 일뿐이다. 통합되지 않으면 문제에서 자유로워질 수 없고, 결국 타인을 억압하거나 타인에게 억압을 당하게 된다.

　강조하고 싶은 건 내가 말하는 자유가 결코 모든 것을 마음대로 휘두르는 전지전능을 말하는 게 아니라는 점이다. 그 누구도 인생을 자기 마음대로만 살 수 없다. 아무리 돈이 많고, 힘이 세고, 높은 지위에 있어도 뜻대로 되지 않는 게 인생이다. 내가 말하는 자유는 '심리적 자유'이다. 인생을 살면서 선택해나갈 때의 이상적인 태도라고 볼 수 있다. 원하지 않는 선택을 할 수도 있다. 그렇다 하더라도 여러 가지 여건을 살피고 타의가 아닌 자의로 이 길을 가겠다고 선택했다면 심리적 자유의 영역에 있는 것이다.

　우리 삶에서 내 뜻대로 통제 가능한 것은 많지 않다. 내 노력으로 통제할 수 있는 것은 오로지 내 마음뿐이라 해도 과언이 아니다. 내 마음이 양극단으로 치닫게 내버려 둘 것인지, 통합을 이뤄 자유로운 삶의 태도를 갖출 것인지는 우리의 선택에 달려 있다.

　예전에 이런 이야기를 들은 적이 있다. 신이 인간을 어여삐 여겨 신의 능력까지 인간에게 주었다. 인간은 처음에는 신을 경배했지만 시간이 지날수록 '내게도 신과 같은 능력이 있는데 왜 경배를 해야 하냐'며 반기를 들기 시작했다. 이를 괘씸하게 여긴 신은 인간에게서 신적인 능력을 빼앗아 인간이 찾을 수 없는 곳에 감추었다. 그곳이 바로 마음이다. 이 이야기를 처음 들었을 때 머리를 한 대 얻어맞은 듯한 기분이 들었다. 우리의 마음속에 이미 신의 능력이 있는데 우리는 마음을 살펴볼 생각도 못 한 채 밖으로만 돌고 있는 것이다. 해결책을 멀리서 찾지 말자. 가장 가까운 곳, 내 마음속에 괴로움을 해결해줄 신의 능력이 들어 있다.

자유로울 때 우리는 행복해진다

앞에서 이야기했던 내 친구의 경우, 누구나 부러워할 만한 사회적, 경제적 위치에 도달했지만 삶은 만족스럽지 않았다. 가족들에게 인정받고 사랑받고 싶은 마음에서 자유롭지 못하기 때문이다. '내가 좋은 학교에 갔으면, 판검사가 됐으면 사랑받을 수 있었을 텐데'라는 강력한 주문이 그에게서 심리적 자유를 빼앗아버렸다. 그의 삶은 이 질문에 사로잡혀 있다.

그러나 그는 변하고 있다. 어떤 성취를 이뤄도 무언가 놓치고 있는 듯한 느낌, 어딘가 채워지지 않은 듯한 느낌에 괴롭고 당황하고 분노했지만, 이제는 그런 마음에서 벗어나 자기 삶의 맥락을 이해하고 받아들이고 있었다. 다름 아니라 청각장애인과의 대화를 통해서 말이다.

삶의 결정권을 빼앗긴 채 결정권자를 만족시키기 위해서 끊임없이 노력하지만 결국엔 만족시킬 수 없다는 결론에 이르러 자신을 미워하고 존재 자체를 부정하는 모습을 보며 그는 그동안 외면하고 제대로 돌보지 못한 자신의 삶을 이해하기 시작했다. 상황은 바뀌지 않았지만 자신과 자신의 삶을 이해하는 것만으로도 자기도 모르게 불쑥불쑥 찾아오는 혼란과 분노를 덜어낼 수 있었다.

자기 삶의 결정권이 자신이 아니라 타인에게 있다고 느끼는 사람들. 그들이 느끼는 절망감과 무력감은 강력하고 지독하다. 그러나 여기서 해방될 방법이 없지 않다. 내 친구가 그러했듯 무엇이 자신을 자유롭지 못하게 만들고 있는지, 왜 얽매이게 되었는지, 이 억압을 어떻게 해소할 수 있는지 파악하고 빼앗긴 결정권을 조금씩 되찾다 보면 삶에도 자유가 찾아올 것이다. 그것이 바로 행복으로 가는 첫걸음이다.

세상을 흑과 백,
두 가지 색깔로만 본다면

⁎

세상사를 간단하게 이해하는 방법 중에 이분법만 한 것이 없다. 제아무리 균형 잡힌 사고를 하려 해도 이분법이라는 생각의 틀에서 벗어나기란 쉽지 않다. 우리 뇌가 이분법에 완벽하게 적응해 '빠른 결정을 내리는 지름길'로 삼은 탓이다. 뇌 과학에서는 이를 사용 의존적 가소성(use-dependent plasticity)이라고 부른다.

인지하지 못한 사이에 뇌는 우리가 반복해서 생각하고 느끼고 행동하는 것을 하나의 패턴으로 저장해 이후의 모든 생각과 감정, 행동에 영향을 끼친다. 여러 조건을 고려하지 못하고 한 방향으로만 가게 만들어버린다. 내비게이션이 더 편한 길, 더 빠른 길을 알려줘도 자기가 아는 길만 고집하는 운전자나 다름없게 된다.

이분법적으로 사고하는 이들이 저지르는 뼈아픈 실수는 테이블 위에 두 개의 안만 올려놓는다는 것이다. 이것 아니면 저것, 모든 문제를 흑백의 문제로 만든다. 100가지의 후보가 있지만 한두 가지 후보에 갇혀 이를 전부라고 여기고 나머지 98가지 대안이 데려다줄 세계는 상상도 못 한다. 세계를 좁게 만드는 이분법, 억압을 만들어내는 대표적인 생각 법칙이다.

안타깝게도 우리는 이분법에서 완전히 벗어날 수 없다. 뇌는 언제나 에너지를 적게 쓰는 효율적인 의사결정을 원하고, 이분법은 뇌의 입장에서 꽤나 효율적인 시스템이기 때문이다. 그렇다면 계속 시야를 좁히는 이분법에 억압당하며 살아야 할까? 꼭 그런 것은 아니다. 두 개의 선택지가 동떨어진 점이 아니라, 연결된 선 위에 하나의 점으로 존재한다는 사실을 잊지 않으면 다른 가능성이 보인다. 눈에 가장 쉽게 띄는 색은 검정색과 흰색이지만 그 사이에 수많은 색이 존재한다는 사실을 아는 것처럼 말이다.

갑과 을만 존재하는 이상한 관계

　이분법에 의한 억압이 무엇인지 조금 더 구체적으로 알아보자. 우리 사회의 이분법을 가장 일상적으로 드러내는 단어가 바로 갑과 을이다. 연일 언론에는 권력의 우위에 있는 사람이 약자에게 가한 부당 행위를 고발하는 보도가 끊이지 않는다. 주문한 제품이 늦게 나왔다며 불만을 터트리다 직원에게 햄버거를 던진 손님, 장애인 주차구역이라고 안내하는 경비원을 괘씸하게 여겨 민원을 넣고 해고당하게 만드는 비장애인 주민 등 갑질의 양상도 놀라울 정도로 다양해지고 있다.

　계약서에 존재하던 이 단어가 일상에서도 자연스럽게 사용되는 건 대부분의 사람들이 매일 힘의 불균형을 경험하기 때문이다. 직장은 물론이고 가족과 친구, 연인 등의 일상 관계에서도 갑의 태도를 보이는 이들이 많아졌다. 갑을 관계는 명확하다. 상처 주는 사람과 상처받는 사람이 분명하게 구분된다.

　관계에서의 위치를 갑을의 이분법으로만 보면 누구나 갑이 되고 싶어 한다. 지금은 을이더라도 힘을 키우고 돈을 벌어서 갑의 자리로 가려 한다. 억압을 당하던 사람에서 억압하는 사람으로 신분 상승을 추구한다. 이런 모습이 잘 나타나는 곳이

직장이다.

직장 스트레스로 찾아오는 분들이 매년 증가하는 걸 보면 아직도 직장 내에 권위주의 문화가 만연한 것 같다. 업무 과중이나 부당한 처우 때문에 회사 생활을 지속하기 힘든 경우도 있고, 상사의 모욕적인 언사 때문에 우울증이나 공황장애가 나타나는 경우도 있다.

한 내담자는 상사의 부당한 지시에 자꾸만 분노가 치밀어 올라 업무에 집중할 수 없다며 나를 찾아왔다. 그의 팀장은 처음에는 택배 발송이나 비용 처리 같은 자잘한 업무를 미루더니 나중에는 왕복 세 시간 이상 걸리는 거래처 방문도 다 떠넘겨버렸으며 주말에는 본인 상사의 아들 결혼식에서 축의금 받는 일까지 시켰다. 같이 월급 받는 처지에 왜 이렇게 갑질을 하는 거냐고 몇 번이나 화를 토해내던 그는 그래도 퇴사하지는 않을 거라고 했다. 오히려 잘 참고 버텨서 승진하고 나중에 당한 만큼 다 되돌려줄 거라고 말하며 두 주먹을 꽉 쥐었다.

"당한 만큼 갚아주겠다!" 이 말에는 억압받는 사람과 억압하는 사람, 두 사람만이 존재한다. 억압에 대처하는 자세를 완벽하게 이분법으로 나눈 사고의 결과다. 게다가 이 두 부류는 양극단의 끝점에 위치해 있다. 이 내담자는 자신의 위치를 을에서 갑으로 이동시키면 문제가 해결될 거라고 생각하지만 억압에서 자유롭지 않은 사람은 양극단을 오갈 뿐 벗어나지는 못한다. 무슨 뜻이냐면 승진해서 높은 위치에 올라가 자신을 괴롭힌 사람들에게 갑질을 한다 해도 또 어딘가에서는 을의 위치를 자처하게 된다는 말이다. 아랫사람에게는 폭언과 강압적인 태도를 보이는 사람이 윗사람에게는 굽신거리는 것도 같은 맥락이다.

스트레스 상황에 직면하면 사람의 마음은 양쪽으로 분열된다. 충격이 크면 클수록 더 극단으로 치닫는다. 그러면 뇌는 상황을 차분하게 바라보고 해결책을 모색하는 것이 아니라 평소에 세상을 봐왔던 그대로 상황을 재단해버린다. '갑 아니면 을이네? 내가 을이어서 이렇게 힘들구나. 갑이 되어야겠어!' 하며 또 다른 괴물이 되려고 에너지를 사용할 수도 있고, '을이 무슨 힘이 있겠어. 그냥 참자' 하며 무기력해질 수도 있다. 둘 중 어느 쪽도 해결 상태라고 볼 수 없다.

갑과 을이라는 프레임에서 벗어나는 것이야말로 억압에서 자유로워질 열쇠가 된다. 이것 아니면 저것이라고 보는 이분법적 사고에서 벗어나야 문제 해결을 위한 진정한 해법을 찾을 수 있다는 말이다.

흑과 백 사이를 인지할 때 세상은 다채로워진다

어느 날 회사원 한 명이 나를 찾아왔다. 팀원인 그는 자기가 선택할 수 있는 일이 하나도 없다고 말했다. 일을 못한다는 말을 들을까 봐 팀장의 입맛에 맞게 일하고, 그의 눈치를 보느라 답답하다고 했다.

어느 날은 한 회사의 팀장으로 일하는 이가 나를 찾아왔다. 팀원들의 눈치를 보느라 정작 자기가 선택할 수 있는 일은 없다고 했다. 혹시라도 권위적인 상사로 평가받거나 팀원들이 상처받았다고 말할까 봐 전전긍긍한다는 것이다.

시간이 지나고 나서 두 사람이 같은 회사, 같은 팀에 재직 중이라는 사실을 알게 됐다. 사원이 지목한 팀장이 후에 방문한 그 팀장이고, 팀장이 지목한 부하 직원이 이전에 방문한 사원이었다. 두 사람은 이어달리기라도 하듯 차례로 방문했다. 물론 나만 아는 사실이다. 그들은 '자유롭지 못하다'는 공통 주제로 각자의 자리에서 부단히도 힘들어하고 있었다.

팀원은 자기만 팀장의 눈치를 보고 있다고 생각하지만, 팀장도 팀원의 눈치를 보느라 힘들어하고 있다. 서로가 서로에게 끼치는 영향력은 고려하지 못하고 자신이 고집하는 하나의 축

위에서 스스로를 억압한다. 그러나 인간은, 또 삶은 그리 단순하지 않다. 단 하나의 축으로 움직이는 것이 아니라는 말이다.

우리의 삶은 다양한 축으로 이루어져 있다. 삶이 통합되어 있는 사람은 상황을 하나의 축으로 해석하지 않는다. 입체적으로 보고 여러 가능성을 확인한다. 삶은 다양한 축으로 이루어져 있고 나의 삶 역시 다양하다. 그리고 나 역시 어떤 축에서는 갑의 위치에 서 있는 지점이 분명히 존재할 것이다.

우리를 좌절하게 만드는 것은 다름 아닌 마음속의 '이분법'이다. 행복은 100퍼센트로 오지 않는다. 언제나 약간의 불행과 함께 온다. 천국으로 불리는 휴양지로 여행을 떠나도 약간의 불편은 감수해야 한다. 바가지를 씌우려는 관광지의 상인들과 실랑이를 벌여야 할 수도 있고, 음식이 입에 맞지 않을 수도 있다. 그래도 좋은 풍경을 보고 즐거운 시간을 보내면 행복하다고 느낀다. 0 : 100으로 판단하면 세상에 행복은 없다. 사소한 행복과 기쁨은 무의미하고 무가치하다고 폄하해버리면 삶에서 행복은 배제된다. 흑백논리를 가지고 있으면 어떤 순간에도, 어디에서도 행복을 찾을 수 없게 된다.

바쁘다가
곧 아프다는 말이다

몸살이 날 때가 아니면 쉬지 않는 현수 씨의 하루는 아침부터 밤늦게까지 일정이 빼곡하다. IT회사의 개발자로 일하는 그는 업무 시간에도 쉴 새 없이 일하고 퇴근한 뒤에도 프리랜서로서 의뢰받은 일을 하느라 12시가 넘어서야 잠자리에 든다.

주말에도 쉬거나 친구를 만나는 대신, 회사에 출근해서 잔업을 처리하고 새로운 일을 따내기 위해 미팅을 진행한다. 그가 쉴 수 있는 때라곤 오직 과부하가 걸려 몸살이 났을 때뿐이다.

"왜 이렇게 일상에 빈틈을 주지 않으세요?"하고 묻자 그는 "조금이라도 쉬는 시간이 생기면 자꾸 부정적인 생각이 떠오르는데, 정신없이 지내면 이런 생각이 안 들거든요. 돈도 없으면서 지금 뭐 하고 있나 하는 생각이 들고, 미래가 걱정되고……. 자꾸 불안하기만 한데 일이 바쁘면 좀 괜찮아요"라고 답했다.

그의 말에 공감하는 사람이 많을 것이다. 다른 사람이 보기에 이런 사람은 커리어도 잘 챙기고, 자기 계발에도 열심인 사람처럼 보이지만 속내를 들여다보면 그렇지가 않다. 현수 씨는 원래도 일을 열심히 하긴 했지만 주말도 없이 일하는 사람은 아니었다.

변화가 시작된 시점은 몇 달 전 아버지가 치매 판정을 받은 뒤부터였다. 친밀한 부자지간은 아니었지만 그래도 아버지는 언제나 단단하고 어른스러운 사람이라는 이미지가 강했는데 점점 아이처럼 행동하는 아버지를 보기가 힘들었다. 자신이 아버지를 위해 할 수 있는 일은 돈을 많이 벌어서 좋은 병원으로 모시는 것뿐이라고 생각했다.

불편한 감정으로부터 도망치고 싶은 마음

현수 씨의 생각은 사실일까? 아버지의 입장을 들어보지는 않았지만 이것이 아버지를 도울 수 있는 단 하나의 방법은 아닐 것이다. 시간을 내 아버지를 보러 갈 수도 있고, 주말에는 직접 간호를 할 수도 있다.

그러나 현수 씨는 어린아이 같은 아버지를 마주하기가 힘들었다. 평생 일만 하다가 이제 정년퇴직하고 인생을 즐기려던 아버지가 치매 판정을 받자 인생이 덧없다고 생각하면서도 아버지를 평생 일하게 만들었던 존재가 자신이라는 생각에 죄책감이 느껴졌다. 동시에 한 번도 해본 적 없는 치매 환자의 수발을 들려니 모든 것이 서툴러 어렵게만 느껴지고 짜증이 불쑥불쑥 치밀어 올랐다. 아버지는 평생 자식들을 위해 희생했는데 이 잠깐의 수발을 들면서도 짜증을 참지 못하는 자신이 못나게 느껴졌다.

그런데 어디서부터 손을 대야 할지 알 수 없었다. 치매가 완치될 수도 없었고, 욱하고 올라오는 짜증도 참을 수가 없었다. 결국 그는 아버지를 직접 대면하는 것보다 돈을 많이 벌어 치료비를 지원하는 것으로 효도를 대신하려 했다.

짬을 내어 병원에 가는 날이면 아버지에게 몸은 좀 좋아지셨는지, 기분은 어떤지 묻지 못하고 침대 옆에 어색하게 앉아 있다가 병원비를 결제하고 돌아왔다. 돌아오는 길에는 '그래 이 정도면 괜찮은 아들이지'라고 안심하며 일을 좀 더 늘려야겠다고 다짐했다.

바쁘게 지내면 내가 무언가를 하고 있다는 '안도감'을 보상으로 얻을 수 있다. 여기서의 안도감은 그 어떠한 성과보다 중요하다. 이 안도감을 얻으려면 전혀 가치 없는 일이 아니라 차순위로 중요한 문제로 도망쳐야 한다. 대부분은 일이다. 이들은 마음속으로 '하루하루 열심히 살고 있으니까 어쨌든 괜찮을 거야'라고 생각한다.

잠깐의 안도감으로는 아무것도 해결되지 않는다

일상에 어떤 문제가 생기면 해결책을 찾아야 하는데 우울하거나 불안한 마음이 크면 머릿속에서 '이렇게 하면 어떨까? 저렇게 하면 어떨까?', '이렇게 했으면 달라지지 않았을까?' 등의 생각이 꼬리에 꼬리를 물고 이어진다. 상황을 극복할 수 있는 해결책이라기보다 괴로움과 걱정을 동반한 생각들이 마구 떠오르는 것이다.

이 사람들의 경우 '생각'이 괴로움의 원인이기 때문에 생각을 치우려고 한다. 일반적으로 괴로움의 원인을 눈앞에서 치

우면 괜찮아지니까 말이다. 우리는 이렇게 문제를 해결하는 데 익숙하다. 그러나 생각은 안 하려고 할수록 더 많이 떠오른다.

분홍색 코끼리를 생각하지 말라는 말을 들으면 분홍색 코끼리 생각에서 벗어나기 힘든 것처럼 말이다. 생각 때문에 힘들다면 일로 도망친다고 해서 괴로움이 사라지지 않는다. 다만 상황에 대한 해석이 자신을 괴롭게 만들기 때문에 잠깐 그 상황에서 벗어남으로써 안정을 찾는 것이다.

'부족한 나에게 휴식은 곧 낭비야'라고 몰아붙이는 사람, 아무것도 하지 않는 시간을 견딜 수 없는 사람이 있다면 스스로 다음과 같이 물어볼 필요가 있다. 정말 바쁜 것인지, 회피하고 싶은 어떤 일이 있어서 일상에 빈틈을 주지 않는 것인지 말이다. 주체적으로 시간을 채우지 못하고 자신에게 일말의 여유도 허락하지 않는다면 분명 외면하고 싶은 문제가 있을 것이다.

문제를 직시하고 해결하지 않는다면 억압당하는 삶으로부터 결코 자유로울 수 없다. 그저 바쁘게 산다고, 일을 열심히 하고 돈을 많이 벌고 높은 곳에 올라간다고 행복으로 가는 문이 저절로 열리지 않는다.

마음의 밑바닥에 묻어둘 정도로 마주하기 힘든 문제는 무엇인가? 가만히 있는 시간에 당신을 가장 불안하게 하는 생각은

무엇인가? 문제와 마주해야 해결책도 찾을 수 있다. 언제까지
도망만 다닐 수는 없지 않은가.

평가받지 않을 권리,
평가하지 않는 연습

꙳

정신의학이라는 학문은 '나'에 대한 학문이지 '타인'에 대한 학문이 아니다. 그런데 진료실에서 마주하는 분들은 자신만큼이나 타인에 대한 이야기를 자주 꺼낸다. "그 사람 때문에 아파요", "속상해요", "화가 나요"라고 말하는 사람들이 점점 많아지는 것을 보며 한 인간에게 주변 사람들이 미치는 영향이 점점 더 커지는 것을 실감한다.

최근 친구와 함께 해외여행을 다녀온 진수 씨는 귀국행 비행기를 기다리다가 예의 없는 사람을 만났다며 불만 가득한 얼굴로 이야기를 시작했다. 비행기가 연착되는 바람에 게이트 앞에서 친구와 여행을 복기하며 시간을 때우고 있었는데 대학생으로 보이는 한 청년이 그들에게 말을 걸어왔다. 혼자 배낭여행을 오래했다는 그는 어찌나 넉살이 좋은지 진수 씨와 친구를 형님이라고 부르며 자연스럽게 대화에 합류했다. 진수 씨는 낯선 사람이 갑자기 대화에 참여하는 게 불편했지만 금방 가겠거니 싶어 그냥 내버려두었다.

그런데 곧 진수 씨의 기분을 상하게 하는 일이 벌어졌다. 돌아가면 취업을 준비해야 한다고 운을 뗀 그가 다짜고짜 개인적인 정보를 묻기 시작한 것이다.

"그런데 회사 다니면서 여행 다니기 힘들죠? 형님들은 어디 좋은 회사 다니시나 봐요, 이렇게 여행도 나오시고. 무슨 일 하시는지 물어봐도 돼요? 두 분은 고등학교 친구세요? 요즘은 아니라고들 하지만 그래도 학벌이 좋으면 취직하는 데 유리하죠. 이렇게 오래 휴가 낼 수 있는 회사 다니시는 거 보면 학교도 좋은 데 나오셨나 보다. 어디 나오셨어요?"

당황한 진수 씨를 대신해서 친구가 별일 아니라는 듯이 이것저것 답해주었고 결국 비행기 탑승이 시작돼서야 대화가 끝났다. 진수 씨는 짜증이 나서 친구에게 "쟤는 처음 본 사람한테 뭐 저런 걸 물어봐? 그리고 넌 뭘 다 대답해주고 있어? 적당히 말하고 돌려보내면 되지"라고 말했지만, 친구는 취업준비생이니까 궁금해할 수도 있지 않냐며 대수롭지 않게 넘겼다.

평가하고 싶지만, 평가당하고 싶지는 않아

진수 씨는 질문자의 시선 앞에 놓임은 물론 판단까지 당했다. 처음 보는 이에게 자신의 존재, 성취가 점수 매겨지고 평가당한 것이다. 당연히 감정이 요동치기 마련이다. 그런데 왜 친구는 그렇게 반응하지 않았을까? 두 사람의 차이는 질문 내용이 자신에게도 중요한지 아닌지에 달려 있다.

친구는 아니었지만, 진수 씨의 경우 그 자신에게도 대학생의 질문은 중요한 항목들이었다. 이 경우 진수 씨는 그를 재보려는 타인의 질문 공세로 상처를 받은 경험이 있거나, 아니면 그 역시 타인을 평가할 때 직업, 학벌, 차림새 등을 확인할 가능성이 높다. 내 마음에 '타인을 재본다'라는 생각이 조금도 없다면 이처럼 해석되지 않을뿐더러 이 같은 관점에서 바라볼 수조차 없기 때문이다. 번듯한 회사, 좋은 학교, 언제든 해외로 떠날 수 있는 경제적 자유에 대한 갈망이 있던 차에 낯선 이의 질문에 줄줄이 낚인 것이다.

머릿속으로는 경제적 잣대를 가지고 사람을 판단하는 행동이 부적절하다고 생각하지만 자신에게도 이런 마음이 숨어 있을 수 있다. 이 마음이 타인에 의해 드러나고도 오히려 자신의 것이 아니라 타인의 것이라고 치부해버리기 쉽다. '지금 내가 화난 것은 초면에 동의도 없이 개인적인 질문을 던지는 저 사람 때문이다. 언제 봤다고 예의 없게 저런 걸 묻지?'라고 생각해버리는 것이다.

나에게 속한 것들이 외부 손끝에 의해 제 모습을 드러냈으며 그 결과로 자신이 동요한 것이지 타인이 나를 쥐고 흔든 것이 아니다. 공항에서 이것저것 물어본 타인의 태도가 아니라 본인의 가치관이 투영된, 내 안의 시선이 내게 상처를 낸 것이다.

높은 자존감은 건강한 자기감 위에 세워진다

가치관으로 자리를 잡은 것들도 억압 요소가 될 수 있다. 자유롭고 만족스러운 선택을 방해하는 것. 억압의 주체는 물질적인 대상뿐만 아니라 신념이나 가치관, 콤플렉스 등도 포함한다. 행복한 선택이나 인생을 방해하는 것이라면 그 어떤 것도 억압의 주체가 될 수 있다.

요즘에는 타인의 시선에 예민하게 반응하는 사람들에게 '자존감이 낮다'는 평가를 내리는 것 같다. 서점의 베스트셀러 매대는 물론이고 일상의 대화에서도 자존감이라는 단어가 흔하게 사용된다. 스스로를 탓할 때도 '제가 자존감이 낮아서'라는 말을 쓰고, 누군가를 탓할 때도 '쟤는 자존감이 낮아서'라는 말을 쓴다.

전문의로서 한편으로는 높은 자존감이 꼭 갖춰야 할 또 하나의 스펙처럼 여겨지는 것은 아닌지 걱정이 된다. 왜냐하면 자존감은 고정적이지 않고 가변적이기 때문이다. 주변의 상황, 타인의 반응 등에 의해 언제든 쉽게 흔들릴 수 있다. 자존감을 해치지 않고 지켜주고 북돋아주는 방법을 아는 것도 중요하지만 그보다 선행되어야 할 것은 자신이 어떤 사람인지 스스로 판단하고 인지하는 능력이다. 자신에 대한 개념, 중요하게 생각하는 가치관을 바로 세울 때 스스로도 존중할 수 있고, 타인의 시선에서도 자유로울 수 있기 때문이다.

자신에 대한 감각과 감정, 생각과 느낌을 뜻하는 용어는 자기감이다. 구체적으로 말하자면 나는 누구인지, 어떤 사람인지, 무엇을 좋아하며, 어떤 사람과 어떤 관계를 맺을 것인지 등 자신에 대한 전반적인 지각과 느낌이 포함된 개념이다.

자존감이 자신을 존중하는 감각이라면 자기감은 자신을 이해하는 감각이다. 자존감이 부분적이고 상황에 따라 달라지는 가변적이라면 자기감은 전체적이고 고정적이다. 자기감은 여러 가지 축으로 구축되는데 자기감이 통합되면 자신의 좋은 점만 골라서 취하는 것이 아니라 단점도 있는 그대로 받아들이고 이해하게 된다. 자신에 대한 생각을 전인적으로 갖춰가기 때문에 상황에 따라 흔들리지 않고 명확한 기준처럼 존재할 수 있는 것이다. 자기감이 약한 사람일수록 타인의 시선에 예민해진다. 나라는 사람에 대한 감각이 희미하다 보니 다른 사람의 평가와 판단이 쉽게 덧입혀지는 것이다.

건강한 자기감 vs. 건강하지 못한 자기감

나를 설명하는 감각이 자기감이라면 나를 어떻게 설명하느냐에 따라 건강한 자기감과 건강하지 못한 자기감으로 나눌 수 있다. 사실 자기감을 두고 좋다, 나쁘다, 건강하다, 건강하지 못하다처럼 이분법으로 나누는 것에 거부감이 있었다. 정도가 심해서 문제지 애초에 건강하지 못한 자기감이란 존재하지 않는다는 생각에서다. 그러나 고심 끝에 구별할 필요가 있다고 생각했다. 현대인들이 온전한 존재인 자기는 소외시킨 채, 무언가를 소유한 소유주로서의 자기만 쫓는 모습이 걱정되었기 때문이다.

간단히 말해 자신을 무언가를 소유한 소유주로 본다면 건강하지 못한 편이고, 존재 자체로 볼 수 있다면 건강한 편이라고 말할 수 있다. 건강하지 못한 자기감은 '공부를 잘하는 나', '돈이 많은 나'처럼 특정한 지위나 역할, 기능을 소유한 기능인으로서만 자신을 이해하는 것이다. 이 경우 자신보다 공부를 잘하거나 돈이 많은 상대가 나타나면 자기감을 유지하기가 힘들다. 자기감이 무너져버리는 것이다. 반대로 건강한 자기감이란 '나는 신뢰할 수 있는 사람이야', '정직한 사람이야'처럼 가치관이나 철학, 신념을 가진 나를 지칭한다. 이 경우 돈이 많은 사람과 만난다고 해서 내가 부족한 사람이 되지 않는다.

건강하지 못한 자기감은 특정 영역에서의 나, 일부로서의 나에 집중한다. 외모, 돈, 학력, 지위 등에 집중한다. 앞에서 이야기한 진수 씨가 건강하지 못한 자기감을 가진 대표적인 예다.

건강한 자기감은 여러 분야에서의 나를 두루 인지하고 그들의 공통점이 되는 가치관이나 신념에 집중한다. 우리가 소위 말하는 '멘탈이 튼튼한 사람'이 건강한 자기감을 가졌다고 볼 수 있다. 상황이 예기치 못한 방식으로 흘러가도 자신만의 가치관, 신념, 기준이 있기 때문에 우왕좌왕하지 않고 중심을 잡고 상황을 바라볼 수 있는 것이다. 건강한 자기감은 돈이 아니라 만족감을, 쓸모 있는 인맥이 아니라 나와 연대하는 관계를, 번듯한 학력이 아니라 끊임없이 배우려는 자세로 만들어진다. 전자가 아닌 후자로 우리 자신을 설명할 수 있을 때 다른 사람의 말에 흔들리지 않는 나, 타인의 평가에 깎이지 않는 나를 만나게 되고, 차원이 다른 존재감을 획득할 수 있다.

사람 마음이라는 것이 그렇다. '타인이 보는 나'가 충족되면 새 옷을 입은 첫날처럼 그때만 행복하고 말지만 '내가 보는 나'가 괜찮으면 마음의 근력이 늘어나 외부 자극에 대한 면역력이 높아짐은 물론 만족감이 오래간다.

왜 그럴까? 나 자신을 바라보는 시선이 따뜻하고 충만하니, 그 눈으로 타인의 시선을 의식해도 감정의 동요가 일지 않기 때문이다. 아무리 상대가 나를 판단하고 평가하는 눈으로 본다고 해도 '내 시선이 닿는 나'가 괜찮으면 타인의 시선쯤은 비켜나갈 수 있다. 그러니 기억하라. 나에게 속한 것들이 나에게 상처를 주는 주체임을. 나에게 속한 것을 '부정의 값에서 긍정의 값'으로 바꾸면 타인의 잣대 앞에 놓인다 해도 내 가치가 강등되지 않음을 말이다.

나라는 음악에 가사를 붙여주는 일

삶을 바라보는 시선에 심리학적인 시선을 새로이 추가하면 삶이 자유로워진다. 심리학적인 시선이란 곧 내 마음을 바라보고 돌봐주는 자세다. 제일 가까운 존재인 나에 대해서도 제대로 설명하지 못하는데 어떻게 타인을, 상황을, 세상을 올바로 바라보고 판단할 수 있겠는가. 그 무엇보다 자기감을 갖추는 일이 중요하다고 말하는 이유다.

엠마뉘엘 수녀가 쓴 『나는 100살, 당신에게 할 말이 있어요』라는 책에는 다음과 같은 구절이 나온다. "참된 삶은 자기 자신을 대면하는 것, 자신을 속이지 않는 것, 우리 안에 있는 음악에 귀를 기울이는 것입니다. 하나의 악보와도 같은 것입니다. 우리는 그 악보를 해독해야 하고 거기에 가사를 붙여야 합니다."

나는 여기서 힌트를 얻어 자기감을 '나라는 음악에 가사를 붙여주는 일'이라고 이름 붙여보았다. 더 이상 타인의 음악에 맞춰 춤추거나 타인이 붙여준 가사에 따라 나의 노래를 부르지 말자. 지금까지 잘못 붙였던 꼬리표들을 떼고, 새롭게 시작하는 마음으로 새 가사를 써보자. 몸에 잘 맞는 옷을 입은 것처럼 삶이 조금은 편해질 것이다.

우리가 쉽게 빠지는
생각의 함정

一十一

　정신과 의사가 되고 수련을 하면서 뒤늦게 '내게 이런 트라우마가 있었구나' 하고 깨달은 바가 있다. 바로 형의 벽이다. 세상 모든 둘째가 그렇듯 나 역시 둘째의 서러움을 겪으며 자랐다. 형은 친가와 외가 모두에서 첫 번째로 본 손주였다. 게다가 지나가는 사람도 돌아보게 만드는 귀여운 외모에 좋은 성격을 타고났다. 똑똑함과 운동신경은 덤이었다. 이러니 형에 대한 가족의 사랑과 관심은 남달랐다.

　어린 시절을 잘 기억하지 못하는 내게 지금까지 선명히 남아 있는 사건이 있다. 다섯 살 무렵 내게 삼촌이 "너는 형이 잘생기고 뭐든지 잘한다고 기죽을 필요 없다. 형을 이기려고 애쓰지 않아도 된다"라고 이야기하는 장면이다. 삼촌은 나를 위하는 마음으로 한 말이었겠지만 이는 내 삶의 태도에 큰 영향을 끼쳤다. 그중 하나가 칭찬과 기대를 받는 능력을 상실한 것이고, 다른 하나는 경쟁을 포기하는 자세다.

칭찬을 잘하는 것도 능력이지만, 칭찬을 잘 듣는 것도 능력이다. 형에 비해 뚜렷하게 내세울 만한 장점이 없다고 생각했던 과거의 나는 칭찬을 받으면 들어서는 안 되는 말이라도 들은 듯 부담스러워했다. 심지어 칭찬하는 이의 의도를 왜곡하고 멀리한 적도 있다. 스스로 부족한 부분만 보고 있으니 다른 사람이 좋게 봐주는 게 어색하고 사실이 아닌 이야기를 듣는 것 같아 불편했던 탓이다. 칭찬받는 능력이 부족했기 때문이다.

그러다 보니 경쟁에서 자꾸 도망쳤다. 학창 시절 뭐든 두루 잘하는 편이었지만 그렇다고 특별히 뛰어난 부분이 있는 것은 아니었다. 운동도 공부도 어느 정도 잘했지만 최상위권에는 이름을 올리지 못했다. 열심히 노력하다가도 형을 떠올리게 만드는 상대와 경쟁하는 상황이 벌어지면 미련 없이 물러났기 때문이다. 노력을 쏟으면 승산이 없는 일도 아니었는데 경쟁 관계 자체를 만들지 않았다. '이길 수 없는 존재야'라는 판단이 서면 시야 밖으로 밀어내고 '어차피 안 됐을 거야'라며 합리화하기 바빴다. 그렇게 나는 집 안에 있는 형을 집 밖에서도 만나며 벽을 두고 성장했다.

대상만 달라질 뿐 계속 존재하는 형의 벽

어린 시절 경험한 억압은 삶의 방식에 결정적인 영향을 끼친다. 그 대상이 마음속에 하나의 상으로 남아 다른 유사한 관계에서도 동일한 방식을 따르도록 만들기 때문이다. 형의 벽이 친구의 벽이 되고, 친구의 벽은 동료의 벽이 되고 만다. 대상만 달라질 뿐 억압은 계속된다. 더욱이 어린 시절의 경험은 언어가 발달되기 이전에 남겨진 기억으로 삶의 방식에 '왜?'라는 의문을 갖지 못하게 한다. 설사 '왜?'라는 의문을 가진다 한들 올바른 답변을 찾을 수 없다. 잘잘못을 구별할 수 없는 시절에 겪은 사건이 이미 내 마음을 무너뜨렸기 때문이다.

'형처럼 될 수 없어'가 생각의 표면이라면, 그 아래에는 '나는 형보다 모든 면에서 부족하다'라는 생각의 뿌리가 있다. 같은 생각을 할 수밖에 없는 경험이 반복되면 특정한 생각의 뿌리를 갖게 된다. 상황을 바라보는 사고의 기본 틀인 생각의 뿌리를 인지심리학에서는 핵심 신념(core beliefs) 또는 스키마(schema)라고 이야기한다. 사람들은 각자가 가지고 있는 생각의 뿌리에 따라 같은 상황도 다르게 해석한다.

노벨의학상을 수상한 생물학자이자 정신과 의사인 에릭 캔델은 그의 저서 『기억을 찾아서』에서 "발생 및 발달 과정은 뉴런들 사이의 연결을 지정한다. 어떤 뉴런이 언제 어떤 뉴런과 시냅스 연결을 형성하는가를 지정한다. 단, 이 과정은 연결의 세기를 지정하지 않는다. 그 세기 – 시냅스 연결의 장기적 효율성 – 는 경험에 의해 규제된다"라는 말을 했다. 인생의 중요한 경험, 예를 들어 잊지 못할 사건이나 중요한 사람과의 관계가 생각의 뿌리에 많은 영향을 끼친다는 통찰이 담겨 있다.

쉽게 이야기해보자. 우리 뇌는 신경 세포라 불리는 뉴런이 서로 연결되어 특이한 경로를 이룬 기관이다. 뉴런과 뉴런 사이에서 신호를 전달하는 통로인 시냅스는 우리가 인지하고 느끼고 생각하고 반응하게 만드는데 이는 유전적, 생물학적 뇌와 성장 과정에 따라 발달 부위에 차이를 보인다. 자주 경험하는 통로는 더 커지는 반면, 경험 횟수가 적은 통로는 더 작아지는 것이다.

이번에는 시냅스 속성과 생각의 뿌리의 관계를 살펴보자. 뇌는 반복하는 일을 '하나의 패턴'으로 인식하고 시냅스를 강화한다. 수없는 반복을 통해 생각의 뿌리가 굳건해지면 자연스럽게 대부분의 외부 자극을 같은 방식으로 받아들이고 같은 방식으로 처리한다. 마음에서 나오는 모든 생각이 이 뿌리에서 자라나기 때문이다. 만약 다른 경험을 반복했다면 마음속 생각의 뿌리는 다른 모양으로 자랐을 것이다.

생각의 뿌리를 바꾸는 교정적 경험의 힘

다행히도 굳건해진 생각의 뿌리는 바꿀 수 있다. 기존에 가지고 있던 뿌리에 물(경험)을 주지 않고, 새로 키우려고 하는 뿌리의 방향에 물을 주면 된다. 그러면 경험이 적어진 쪽의 시냅스 연결은 느슨해지고, 새롭게 경험하는 방향의 시냅스 연결은 강화된다. 시냅스 관리에서 핵심은 경험이다. 과거의 나는 형과 비교하는 주변 사람들의 말을 반복적으로 들으며 '나는 부족하다'는 생각의 뿌리를 내렸다.

'부족한 나'에서 벗어나게 된 것은 학교에 들어가면서부터다. 학교에 들어가서 처음 만난 짝꿍이 나를 좋아해줬다. 나보다 공부도 잘하고, 운동도 잘하고, 잘생긴 친구들이 있는데도 나를 좋아했다. 신기한 경험이었다. 처음에는 '왜 날 좋아할까?'라는 생각에 당황했다. '나는 사랑받기에는 모자란데'라는 생각의 뿌리 탓이었다.

더불어 그때쯤 일 때문에 바빴던 어머니와 함께 보낼 수 있는 시간이 늘어났다. 어린 시절 우리 집은 대가족이어서 조부모와 삼촌, 고모들과 함께 살았는데 형은 언제나 할머니와 할아버지 차지여서 어머니는 나에게 좀 더 집중했다. 형과의 비교에 위축되어 있는 내게 어머니는 내가 세상에서 제일 소중하다고 말해주었다. 놀라운 경험이었다.

비슷한 시기에 새로운 관계를 경험하고 이 관계가 지속되자 생각의 뿌리가 점점 방향을 바꾸어나갔다. '나는 부족해', '나는 못해'에서 '나도 괜찮은 사람이야', '나도 잘할 수 있어'로 말이다. 실제로 성적이 더 좋아지거나 운동을 더 잘하게 되거나 더 잘생겨진 것은 물론 아니었다.

변화를 만드는 새로운 관계의 경험을 정신분석가이자 정신과 의사인 프란츠 알렉산더는 교정적 감정 경험(corrective emotional experience)이라고 말했다. 그는 정신 치료의 핵심 요인으로 이 교정적 감정 경험을 강조했다. 같은 조건에서 다른 경험을 반복하면 생각의 뿌리도 교정이 가능하다는 것이다. 항상 부족하다고 비교만 당하던 내가 반복해서 사랑받는 경험을 하자 다른 사람으로 변화한 것처럼 말이다. 물리적인 나는 그대로지만 세상을 바라보고 받아들이는 주체로서의 나는 이전의 내가 아니게 되었다.

내가 괴로운 것은 내 주위를 둘러싼 상황 때문이 아니었다. 머릿속 생각의 뿌리 때문이었다. 내가 부족한 것이 아니라, 생각의 뿌리가 스스로를 억압하게 만든 것이다. 우리를 괴롭히는 주체를 알았으니 솔루션도 간단하다. 부정적인 생각을 하게 만드는 생각의 뿌리를 바꾸면 된다. 어떻게 바꿀 수 있는지 이제 하나씩 알아가 보자.

2장

내 감정을 읽는 연습

감정이 없으면
결정도 없다

＊

대부분의 사람들은 스스로 합리적인 존재라고 생각한다. 이성적으로 이것저것 따져보고 판단한 후에 결정하고 행동한다고 믿는 것이다. 그러나 안타깝게도, 사실은 그렇지 않다. 18세기 철학자 데이비드 흄은 "이성은 정념의 노예다"라고 말했는데 흄은 사람이 행동하게 만드는 근본적인 동기는 정념, 즉 감정에서 나온다고 했다. 이성을 중요하게 여기던 기존의 생각에 반기를 든 말이었다. 300여 년이 지난 오늘날, 현대 뇌 과학은 흄의 이러한 생각이 옳았음을 밝혀냈다.

한 실험에 따르면, 뇌에서 의사결정 과정에 본능적인 감정을 참여시키는 역할을 하는 안와전두피질(orbitofrontal cortex)이 손상된 사람은 결정을 내리지 못하는 것으로 밝혀졌다. 이성의 영역을 관리하는 뇌의 다른 부분은 멀쩡했기 때문에 논리적이고 합리적으로 장단점을 따질 수는 있었지만 정작 아무것도 결정할 수 없었다. 이성적인 행동을 하는 데 방해가 되는 감정적인 부분이 없어졌으니 더 논리적이고 합리적인 결정을 할 수 있을 것이라는 예상은 보기 좋게 빗나갔다. 대상자들은 계속해서 장점과 단점을 나열하기만 할 뿐 그 어느 쪽도 선택하지 못했다.

옳다고 생각하지만, 옳다는 느낌을 가질 수 없는 상태에서 사람은 결정을 내릴 수 없다. 마지막 순간에 선택과 결정이라는 옷을 입히는 작업은 감정이 하기 때문이다. 사실은 감정이 행동을 결정짓는 가장 큰 요인이었던 것이다.

감정이 열쇠다

거리에서 아는 사람을 마주쳤는데 그가 내 인사를 무시하고 지나쳤다고 가정해보자. '나를 무시하는 건가?'라고 생각할 수도 있고, '바쁜 일이 있나?'라고 생각할 수도 있다. 전자로 생각한 사람은 이 일 때문에 하루 종일 기분이 나쁠 테지만, 후자로 생각한 사람은 대수롭지 않게 넘기고 일상에 별로 타격을 받지 않는다. 똑같은 사건인데도 그 해석에 따라 사건이 미치는 영향은 달라진다. 사건에 해석을 붙이는 것이 생각이라면, 일상을 흔들지 않는 방향으로 생각을 바꿀 수는 없을까? 열쇠는 감정에 있다.

생각을 바꾸려면 우선 자신이 어떤 생각을 하는지 알아야 한다. 그런데 생각은 머릿속에 머물지 않고 순식간에 지나가버려 알아차리기가 힘들다. 인사를 무시당한 상황으로 돌아가보자. '나를 무시하나?'라고 생각한 사람은 화를 참지 못해 쫓아가서 따지고(분노), '다른 사람이 이 상황을 봤을까?'라고 생각한 사람은 부끄러움에 주위를 두리번거리며(수치심), '나는 인사 받을 자격도 없는 사람이구나'라고 생각한 사람은 하루 종일 우울하게 지낸다(우울). 감정과 행동은 오래 남지만 감정과 행동을 유발한 최초의 생각은 순식간에 사라진다. 그래서 휘발되는 생각을 알아차리려면 감정에서 시작해야 한다. 우리 마음속에는 언제나 생각보다 감정이 더 오래 머물기 때문이다.

인지 치료의 과정을 조금 들여다보자. 어떤 상황을 마주하면 사람은 생각, 감정, 행동의 순서로 반응한다. 행동을 유발하게 만든 감정을 알면 이 감정이 왜 생겼는지 역추적해 생각도 알 수 있다는 말이다.

상황 ⟶ 생각 ⟶ 감정 ⟶ 행동

그런데 우리 사회는 감정을 참 소홀히 여긴다. 이성적이라는 말은 칭찬인 반면, 감정적이라는 말은 비난에 가깝다. 그러다 보니 사람들은 자신의 감정을 돌보기보다 의지, 정신력, 생각을 통제하려고 한다. 순서가 그게 아닌데도 말이다.

감정은 거짓말하지 않는다

'화는 나쁜 것이고, 세련되지 못하다는 증거야'라는 생각을 가진 내담자가 있었다. 이 내담자는 절대 손해를 보려 하지 않는 친구 때문에 힘들어했다. 친구가 만나자고 해서 잡은 약속인데도, 그는 내담자의 편의는 고려하지 않고 자신에게 편한 장소와 시간을 제시했다. 생일 선물을 주고받을 때도 본인이 더 비싼 선물을 받는 것은 상관없지만 내담자의 선물이 자신이 준 것에 못 미치면 만나는 내내 빈정거리기 일쑤였다. 며칠 전에도 그 친구를 만났는데 내담자가 승진한 것을 알고 식사 시간 내내 밥을 사라고 말해 기분이 언짢았다고 했다. 화가 많이 났지만 잘 참아냈다며 안심하듯이 이야기했다.

"상대가 그렇게 이기적으로 행동하는데 화가 나는 것은 당연하죠. 불편한 점을 얘기해야 관계가 개선될 거예요"라고 내가 말하자 내담자는 한참을 가만히 있더니 "친구한테 화를 내도 된다고 생각하지 못했어요"라고 답하며 무척 놀라워했다.

누구나 자기만의 생각과 감정의 패턴이 있다. 이 내담자는 화는 불온한 것이고 자신이든 타인이든 누군가 화를 내는 상황이 불편하니 자기 인생에 아예 들이지 않겠다고 결심한 경우다. 그러나 평판에 악영향을 끼칠 정도로 시도 때도 없이 화를 표출하는 것이 문제지, 화가 날 만한 상황에서 감정을 부정하는 것은 자신을 억압하는 잘못된 행동이다. 억누른 감정은 결국 예기치 못한 상황에서 터져 나올 수 있다.

실제로 많은 이들이 밝고 긍정적인 감정은 취하고, 불쾌한 감정은 분리수거해서 버리려고만 한다. 이것은 교양도 어른스러움도 아니다. 내 마음에 대한 억압이자 폭력이다. 감정에는 좋은 것과 나쁜 것이 없다. 그냥 때에 맞게 찾아온 손님일 뿐이다. 이것이 감정을 대하는 올바른 자세다.

우리에게 중요한 건 지금 내가 괴롭다는 감정을 알아주는 일이다. 괴로운 감정이 무슨 생각에서 파생되는지, 이 생각은 어떠한 생각의 뿌리에서 나오는지, 이 생각의 뿌리를 형성한 나의 기질이나 경험은 어떤 것인지 관찰해야 한다. 이러한 사실을 파악하기 시작하면 진정한 나는 어떤 모습인지 알게 된다.

다양한 감정의 그릇을
갖는다는 것

감정을 다양하게 경험하는 일은 행복감과도 관련되어 있다. 감정 표현을 다채롭게 하는 사람일수록 소소한 행복을 흘려보내지 않고 소중히 담아낼 줄 알기 때문이다.

단순히 '좋은 기분'과 '나쁜 기분'만 지닌 사람이 있다고 해보자. 이 사람은 웬만큼 행복한 일이 아니고서는 좋은 기분이라는 그릇에 담지 않는다. 정말 누가 봐도 좋은 일이어야 의미가 생겨나기 때문이다. 반면 좋은 일이라고 확정 지을 순 없어도 '가벼운', '만족스러운', '설레는'이라는 감정을 느끼는 사람은 다르다. 이 감정들에 준하는 일들을 흘려보내지 않고 감정의 그릇에 담아낸다. 설레는 일도 있고, 마음을 가볍게 해주는 일도 있고, 만족스러운 일도 있었던 하루를 가질 수 있다. 결과적으로 더 많은 행복을 누리게 된다.

이번에는 반대로 불쾌한 감정은 어떨까. 이 경우도 감정의 종류를 다양하게 지닌 사람이 그렇지 않은 사람에 비해 안정감 있게 마음 관리를 해나간다.

"감정 층위를 다양하게 가져야 상대방에게 세련되게 내 감정을 표현할 수 있어요."

"그게 무슨 의미인가요?"

"서운하다 정도로만 표현해도 될 일인데, 기분이 상하면 무조건 분노를 표출하는 분이 있어요. 이런 사람은 상대가 잘못을 했더라도 공감이나 사과를 받아내는 데 어려움을 겪어요. 상대 입장에서는 잘못에 비해 과하게 비난을 받았다고 생각하거든요. '괜히 나한테 화풀이하는 거 아니야?'라고 받아들이기 십상이죠. 자기 필요에 따라 가짜 사과를 하든, 맞서 싸우든 끝이 안 좋을 확률이 높아져요."

"안 좋은 감정도 단계별로 정리를 해두라는 말이네요."

"맞아요. 감정을 다양하게 갖는 것만으로도 우리 삶에서 겪는 많은 문제가 해결될 수 있어요."

40대 남성과 만나 나눈 대화 중 감정 부분만 옮겨놓은 것이다. 유쾌한 감정이든, 불쾌한 감정이든 상관없이 감정을 다양하게 구분해보고, 그 정도를 가늠하는 연습을 하는 것이 중요하다.

감정에 대처하는 두 가지 자세

감정의 그릇이나 층위를 다양하게 갖는 일만큼 감정을 대하는 기본 태도를 고민해보는 것도 중요하다. 기본이라 함은 사소한 일에 요동치거나 쉽게 변화를 꾀하는 것이 아닌, 근본적으로 견지해야 할 고정적인 자세를 가리킨다. 그래야 바람 잘 날 없는 인간관계를 다루는 데에도 일관성을 유지해 나갈 수 있다.

감정을 다룰 때 제일 먼저 견지해야 할 태도는 감정에 대한 감정을 제거하는 것이다. 희로애락이 있다고 한다면 희와 락은 좋은 감정이고, 로와 애는 나쁜 감정인가? 이것은 편의적 구분일 뿐 진실이 아니다.

애초에 감정은 좋은 감정과 나쁜 감정이 따로 있지 않다. 유쾌한 감정은 그것을 따르도록 만들고, 불쾌한 감정은 피하도록 도와주는 역할을 할 뿐이다. 감정은 인생과 관계의 손상을 막을 목적으로 신호를 주는 표지판 정도로 생각하면 쉽다.

두 번째 태도는 감정에 대한 시제를 제거하는 것이다. 과거, 현재, 미래라는 시제를 붙이지 않는 것만으로도 불필요하게 발생하는 부차적인 감정에 휘말리지 않을 수 있다. 우리는 어떤 사건과 체험으로 인해 특정 감정을 내재화한다. 이 감정은 강도에 따라 후속 행동에 영향을 미치는데, 가령 어릴 적 교통사고를 목격한 아이가 차에 대해 극도의 불안감을 경험했을 경우, 성인이 된 이후에도 큰 도로나 운전면허시험장처럼 차가 많은 곳 근처에는 얼씬도 못 하게 될 수 있다.

실례로 운전면허시험장 공포증을 가진 분이 있었다. 이분의 이사 기준은 면허시험장과 동떨어진 곳이어야 한다는 것이다. '면허시험장에 대한 회피'라는 행동은 과거에 느낀 불안감이 원인으로 이때의 불안감은 과거에만 국한되는 것이 아닌 현재와 미래로까지 확장된다는 점에서 늘 현재적이다. 이렇게 바라봐야 '언제 적 일인데 아직도 이러고 있어'라며 자신을 책망하거나 무능감을 갖지 않을 수 있다.

감정을 언어로 표현하는 연습

내가 느꼈던 바를 이야기해보는 일, 즉 감정을 언어화하려는 자세도 필요하다. 내담자들에게 기분이 어떠냐고 물으면 '좋았어요', '안 좋았어요'라고만 답한다. 그럼 나는 어떻게 좋은지, 무엇 때문에 좋다고 느끼는지, 그 감정을 외부로 어떻게 표현했는지를 묻는다. 처음에는 다들 당황하며 대답을 못 한다. 마음을 말해본 경험이 드물기 때문이다.

감정을 억누르는 것이 습관이 된 사람들은 자신의 마음을 언어로 표현하는 일에 익숙하지 않다. 자기 마음이 있다는 것 자체도 잘 모른다. 자기 마음이 아니라 타인의 마음대로 움직이는 편이 차라리 익숙하기 때문이다. 다른 사람이 바라는 것에 신경을 곤두세우고, 그것을 충족시키는 데 집중했기 때문에 자신의 마음을 살펴보고 표현하는 일에 서툴다.

우선은 자신이 현재 느끼는 감정이 무엇인지부터 파악해야 한다. '지금 설명할 수 없는 이 기분이 뭐지?', '울컥 올라오는 감정이 도대체 뭐지?'라는 생각이 불편하다고 해서 넘기지 말고 잠시 머물러 감정의 얼굴을 정확히 인지하자. 그래야만 감정 파악이 제대로 이뤄질 수 있다.

자기 표현을 잘 못하는 사람은 자신이 어떤 감정을 느끼기 전에 주변에서 상황을 대신 정의 내려줬을 가능성이 높다. 유아기 때는 언어가 없어서 주변 반응을 무비판적으로 받아들인다. 양육자가 '네가 부족한 탓이야'라고 정의 내리면 아이는 이 말을 자신의 감정으로 가져간다. 이 경우 성인이 되어서도 힘든 시간을 겪을 때 슬픔이나 괴로움이라는 감정 태그 대신 '부족함'이라는 판단 태그를 붙인다. 스스로 자신이 부족하다고 판단했다기보다 어린 시절에 담은 말을 그대로 사용한 결과로 볼 수 있다. 타인의 언어가 내 마음에 태그로 붙여진 결과다.

자신의 언어로 감정 태그를 붙이기 위해서 하루에 한 번 오른쪽 질문에 답해보자. 보기에는 쉬워 보이지만 감정을 느끼고 표현하는 일에 서툰 한국인의 특성상 노력을 기울이지 않으면 결코 쉽지 않을 것이다. 이 과정을 반복해서 자신의 감정 언어를 획득했다면 타인에게 말하는 일도 시도해보자. 상대는 누가 되었든 상관없다. 친구든, 부모님이든 일단 이야기해보자.

언어화의 목적은 상대에게 이 사건으로 서운해진 바를 말해 이해를 구하거나 좋은 반응을 얻기 위함이 아니다. 물론 긍정적인 피드백을 받으면 좋겠지만, 대부분은 우리가 바라는 대로 반응해주지 않는다. 그렇다면 왜 대화를 해야 할까? 언어화를

2장

1. 오늘 가장 기억에 남는 일은 무엇인가요?

_____

2. 그때의 상황을 설명해봅시다.
  누가 / 언제 / 어디서 / 무엇을 / 어떻게 / 왜

_____

3. 그때 느낀 감정은 무엇이었나요?
  예) 기쁨, 즐거움, 행복, 우울, 불안, 슬픔, 혐오, 놀람, 분노, 수치심

_____

4. 느낀 감정의 정도를 숫자로 표현한다면 몇 점일까요?
  (약한 감정 0 ~ 최고 강렬한 감정 10)

_____

통해 억압된 문제를 자신과 대상의 언어로 구체화하고 명확하게 만들 수 있기 때문이다.

이 상황에서 이 감정을 느끼는 것이 맞는지 점검하기 위해 필요한 과정들이다. 상황에 대한 자연스러운 감정이라면 감정의 출처 확인, 해결 방안을 고민해나가면 된다. 우선은 감정 파악에 집중해보자.

나의 감정 패턴
파악하기

감정을 파악하는 데는 여러 단계가 필요한데 감정이 소용돌이칠 때마다 이 단계를 거칠 필요는 없다. 단, 감정에 대해 진지하게 고민해본 적이 없다면 서너 차례는 반복해서 연습해보길 바란다. 그래야 자신이 감정을 어떻게 대하는지 감을 잡을 수 있다.

또 하나, 감정 인지를 처음 연습하는 분에게 추천하는 방법은 소설을 읽는 것이다. 감정을 표현하는 단어나 문장을 보는 것만으로도 감정의 수용체는 활성화된다. 특히 고전 소설의 경우 상황에 따른 인간의 심리가 구체적으로 묘사되어 있고, 오랜 시간 사람들에게 사랑받고 선택되어온 작품이기 때문에 사회적으로 통용되는 수준의 감정을 다룬 경우가 많다. 물론 꼭 고전 소설을 읽을 필요는 없다. 웹소설도 좋고, 만화책도 좋다. 감정 묘사를 많이 접하는 것만으로도 자신의 감정을 인지하는 데 도움이 될 것이다.

STEP1. 감정 인지하기

한정된 감정만 사용하는 사람에 비해 여러 감정을 사용하는 사람은 '전인간적 존재'로서 자신을 인식하는 수준이 높게 나타난다. 인간적이라는 말 앞에 온전하다, 완전하다의 '전(全)'이 붙는 것만 봐도 전인간적이라는 감각이 얼마나 자기감을 건강하게 만들어주는지 알 수 있다.

감정 인지와 관련하여 기억에 남는 내담자가 있다. 50대 초반의 그에게 일주일 동안 어떻게 지냈냐고, 그간 있었던 일에 대해 본인은 어떤 감정을 느끼시냐고 물으면 그분은 언제나 "그냥 괜찮았어요", "나쁘지 않았어요"라는 식으로 대답했다. "재밌었나요? 아니면 불편했나요?"라고 물어도 "그렇게까지 불편하진 않았는데, 썩 재미있지도 않았어요"라고 답했다. 감정이 세밀하게 분화되어 있지 못하고 덩어리져 있는 분이었다.

그분에게 감정이 나열되어 있는 감정 테이블 종이를 드리자 한참을 말없이 종이를 바라보았다. 그러더니 "이렇게 감정을 표현하는 말이 많은데, 저는 오십이 넘도록 이 중 절반도 제대로 표현해보지 못했네요. 부분적인 인간으로 살았던 것 같아요"라고 말했다. 가슴이 아프면서도 굉장히 공감이 갔다. 인간만이 다양한 감정을 쓸 수 있고, 표현해낼 수 있기 때문이다.

오른쪽에 내가 만든 감정 테이블을 소개했다. 어떤 종류의 감정이 있는지 막연한 분들에게 도움이 될 것이다. 왼쪽에는 감정의 종류를 제시하고 오른쪽에는 깊이에 따른 세부 감정을 제시했다. 모든 감정은 인간을 인간답게 만들어준다. 감정을 부끄러워하거나 두려워하지 말고 감정 테이블과 솔직하게 마주하자. 절대 자신의 생각이나 경험을 검열하지 말아야 한다.

사실 감정의 종류와 깊이는 학계에서도 명확하게 정해져 있지 않다. 이 테이블은 편의를 위해 만든 것으로 독자들이 이를 참고해서 스스로에게 맞게 만들어도 좋을 듯하다.

어떤 형식이든 스스로의 감정 테이블을 정리해서 어떤 감정이 치밀어 오르면 자신의 감정 테이블 중 어디에 동그라미를 치면 좋을지 머릿속으로 상상하는 연습을 하자. 이것만으로도

감정 테이블

대표 감정	세부 감정 0 ————————————→ 10			
우울	의기소침한	울적한	음울한	우울한	절망적인
불안	걱정되는	고민스러운	불안한	두려운	공포에 질린
분노	기분이 상하는	괘씸한	화가 나는	분개한	증오하는
죄책감	부담스러운	마음이 무거운		죄스러운	
수치심	부끄러운	창피한		수치스러운	
슬픔	가슴 아픈	미어지는	슬픈	비참한	처참한
외로움	고독한	외로운		공허한	
힘듦	고단한	힘겨운		좌절하는	
혐오	떫은	불쾌한		혐오스러운	구역질 나는
놀람	놀란	섬뜩한		소름 끼치는	
고통	골치 아픈	고통스러운		가혹한	
기쁨	살맛 나는	기쁜	고무적인	놀라운	날아갈 듯한
감사	고마운	감사한	감동적인	감격스러운	눈물 나는
상쾌함	싱그러운	시원한	상쾌한	쾌적한	통쾌한
만족	흐뭇한	뿌듯한	만족스러운		벅찬

감정의 그릇이 훨씬 다양해질 것이다.

STEP 2. 감정의 데이터 모으기

매일 3시간 간격으로 알람을 켜두고 알람이 울릴 때마다 자신의 감정을 체크해보자. 감정 일기를 쓴다고 생각하면 이해가 쉬울 것이다. 5주 동안 자신의 감정을 살펴볼 텐데, 매주 하나씩 조건을 추가하면 된다.

실행 방법은 간단하다. 첫째 주에는 3시간 간격으로 감정을 적으면 된다. 예를 들면 9시, 12시, 15시, 18시, 21시 이렇게 다섯 번 알람을 맞추고, 알람이 울릴 때마다 자신의 감정과 정도를 기록하는 것이다.

9시: 불안 3

12시: 화 7

15시: 평안 3

18시: 미안함 5

21시: 허무 2

둘째 주에는 상황을 추가하여 어떤 상황에서 그런 감정을 느겠는지까지 적는다. 내가 맞닥뜨린 상황을 자세히 기록하면 좋은 데이터가 된다. 마치 그 상황을 영화로 찍듯이 기록한다고 생각해보자. 누가, 언제, 어디서, 무엇을, 어떻게, 왜의 육하원칙이 포함되는 것이 좋다.

12시: 화 7
↓

| 상황 |　오늘까지 데이터를 넘겨주기로 한 거래처 직원이 아무 연락도 없다가 대뜸 메일을 보내 3일 뒤에 자료를 보내주겠다고 했다.

셋째 주에는 생각을 추가하여 그 상황에서 어떤 생각을 했는지까지 적는다. 생각은 순식간에 사라져버려 기록이 쉽지 않지만 왜 그럼 감정을 느꼈는지에서 출발하면 보다 쉽게 유추할 수 있다.

| 생각 |　'저번에도 그러더니 또 그러네.', '아니 어떻게 미안하다는 말도 없이 이렇게 뻔뻔하게 나올 수가 있지?', '내가 만만한가?', '위에 보고하면 팀장님한테 깨지는 건 나인데 짜증 난다.'

넷째 주에는 행동을 추가하여 그래서 어떻게 행동했는지까지 적어본다.

| 행동 | 화는 났지만 거래처 직원에게 시정을 요구하지는 못하고 알겠다고 메일을 보냈다. 대신 이틀 뒤에는 꼭 달라고 썼다.

마지막으로 다섯째 주에는 결과를 추가하여 행동 후 어떻게 변화했는지까지 적어본다. 행동으로 바뀌게 된 상황도 묘사하면 좋다.

| 결과 | 이틀 뒤 거래처 직원이 데이터를 보냈지만 역시나 미안하다는 말은 없었다. 맨날 당하는 것 같아서 기분이 좋지 않다. 팀장님이 다음에는 일정을 미리미리 체크하라고 지시했다. 내 잘못도 아닌데 일만 늘어났다.

이런 데이터가 한 달, 세 달, 여섯 달, 일 년이 쌓이면 나의 감정 리듬이 어떻게 변하는지, 내가 상황을 주로 어떻게 받아들이는지, 상황에 어떤 식으로 대처하는지가 보인다. 나만의 감정 데이터가 갖춰지는 것이다. 데이터를 모아놓고 보면 그동안 내가 외면했던, 또는 그냥 흘려보냈던 감정의 실마리들이 잡힌다. 내가 원하는 삶을 살고 있는지, 내가 원하는 것들을 선택하고 있는지, 아니면 다른 사람들에 휩쓸려 살고 있는지 역시 알 수 있다.

STEP 3. 감정 빅데이터 분석하기

5주간의 감정 데이터를 보았을 때 결과가 나빴던 일, 후회되는 일이 있었는가? 제대로 대응하지 못한 것 같아서 아쉬운 일이 있다면 다음에는 그렇게 행동하지 않으면 된다. 데이터는 그 자체로도 의미가 있지만, 분석하고 해석해서 삶에 적용할 때 진가를 발휘한다. 그대로 지낼지 바꿀지는 여러분에게 달려 있다. 삶의 변화는 여기에서 시작한다.

나의 대표 감정은 무엇인가?

첫 번째로 할 일은 대표 감정을 확인하는 일이다. 데이터를 보면 자주 경험하는 감정은 다섯 개를 넘지 않을 것이다. 어떤 감정을 주로 느끼는지 적어보자. 우선은 평온한 상태일 때의 감정과 어려움을 겪을 때의 감정을 구분하여 적어보자. 이는 곧 자신의 대표 감정을 살피는 작업이다.

'평소에 나는 무기력한 상태지만, 문제 상황이 발생하면 분노를 제일 먼저 느끼는구나'처럼 자신의 감정을 인지하면 대표 감정이 무엇인지도 파악할 수 있다.

무엇보다 감정의 방향이 맞는지 점검이 가능하다. 다툼이 나면 당연히 화가 나거나 짜증이 날 거라고 여기는데 그렇지 않은 이들이 있다. 쌍방과실로 일어난 다툼인데도 마치 혼자만 잘못한 것처럼, 당황하거나 과도한 죄책감에 시달려 자신만의 공간으로 숨어버리는 것이다. 또는 반대로 자기 잘못은 하나도 없고, 상대 탓만 하느라 불같이 화만 내는 경우도 있다. 둘 다 감정의 방향이 잘못된 경우다. 이처럼 '감정의 방향이 잘못됐는지 아닌지'를 점검하기 위해서라도 감정 기록표는 중요하다.

나의 대표 감정 파악하기

평온할 때의 감정	어려움을 겪을 때의 감정
고요한	당황한
무료한	짜증난

대표 감정은 1차 감정인가? 2차 감정인가?

두 번째는 감정 구분이다. 감정은 크게 1차 감정과 2차 감정으로 나뉜다. 1차 감정은 원초적 감정(basic emotion)이라고 불리며 문화나 교육에 상관없이 전 세계인들에게서 공통적으로 나타난다. 인간이라면 누구나 태초부터 가지고 있는 감정으로 슬픔, 기쁨, 공포, 분노, 놀람, 불안(두려움), 혐오 등이 대표적이다.

　이러한 감정은 뇌의 변연계 부위가 관장하는데, 이는 인지적인 관리를 수행하는 뇌의 피질 영역으로 제어하기가 힘들다. 그래서 부정적인 감정을 컨트롤하고 싶다면 머릿속으로 생각만 하는 것보다 몸을 움직이는 편이 효과적이다. 이유 없이 한번 웃고, 이유 없이 한 번 더 걷는 행동이 뇌의 변연계 부분을 안정시킬 수 있다.

　이에 비해 2차 감정은 다르다. 2차 감정은 인간관계에 의해 학습된 감정(interpersonal affect)으로 죄책감, 부끄러움, 수치심, 냉소 등이 있다. 경험에 의해 축적된 데이터로 만들어지는 감정이기 때문에 훈련을 거치면 제어할 수 있다. 내가 왜 이런 부분에 죄책감을 가지는지, 자신과 자신을 둘러싼 사회를 분석하다 보면 해결점에 다다를 수 있다.

감정의 구분

1차 감정	2차 감정
슬픔, 기쁨, 혐오, 공포, 분노, 놀람	죄책감, 부끄러움, 수치심, 실망감

관계 감정 분석하기

세 번째는 관계 감정 분석이다. 1년에 한 번 볼 사이라면 고민의 정도가 크지 않겠으나 일상에서 자주 부딪치는 사람과의 신경전 내지 마음 상함이라면 크게 신경 쓰일 것이다. 이처럼 관계에서 발생한 감정을 관계 감정이라 하는데 여기서는 관계 감정에 초점을 맞추어 다뤄보겠다.

먼저 동일한 대상에 대해 자신이 어떤 감정의 변화를 겪었는지 데이터를 분석해보자. 분석 방법은 간단한데 상대(Who) - 만남 이전(before) - 만남 이후(after) 순으로 감정의 변화를 확인해보면 된다.

(Who)와 만나기 전에는(before-emotion)을 느꼈는데 만나고 와서는 (after-emotion)이/가 느껴졌다.

이 데이터를 갖게 되면 자신의 감정을 속이거나 회피하는 일만큼은 막을 수 있다. 그 사람에 대한 감정을 인지하는 것으로도 나침반의 방향이 올바로 잡힌다. 만날 때마다 마음이 심란해진 이유를 파악할 수 있기 때문이다.

가령, A라는 사람을 만나러 가기 전에는 분명 기분이 좋았는데, 만나고 와서는 내 안에 뭔가 찝찝한 기분이 남아 있다. 이런 감정이 계속해서 든다면 만남의 횟수를 줄이거나, 찜찜한 기분이 드는 이유를 추적해 관계 개선의 실마리를 찾을 수 있다. 이렇게 하는 것만으로도 관계에 끌려다니지 않는다는 느낌을 주어 관계에서의 주도권을 회복할 수 있다.

감정 데이터 구축은 패턴화와 비슷하다. 자신이 살아온 패턴을 보면 과거의 기억과 경험이 같이 따라온다. 우리 삶은 과거에서 데이터를 모아나가는 작업의 연속이다. 이 감정 데이터는 나의 역사 속에서 어떤 선택을 했을 때 만족스럽고, 어떤 선택을 했을 때 불만족스러웠는지 알려주는 척도가 된다. 이를 통해 '어떤 경험과 기억이 나라는 사람을 만들었구나'라는 통찰이 생길 것이다. 이것을 알아야 앞으로 나아갈 수 있다. 과거 데이터는 현재 내가 밟고 일어서야 할 좌표를 짚어준다는 면에서 의미가 깊으며, 과거는 물론 현재와 미래 방향에까지 영향을 끼친다는 점에서 한 번쯤은 수집해볼 만한 자원이다.

무의식적으로 느끼는 감정
: 우울, 불안, 분노

　현대인이라면 누구나 크고 작은 우울감과 불안감을 조금씩 가지고 있다. 우울과 불안은 주의 편향(additional bias)이라는 공통점이 있는데, 특정한 대상이나 속성에 주의를 높게 두는 경향성을 말한다.

　우울하거나 불안한 사람은 '저 사람이 내가 우울한 걸 알아차리면 어떡하지', '내가 지금 불안해 보이나' 하는 식으로 우울이나 불안이라는 증상에 극도로 주의를 기울인다. 당연히 과도한 경계심을 품게 되어 매사 소극적이고 움츠러든다. 힘이 하나도 없어 보이거나 계속 눈치를 살피는 것도 이 때문이다.

프로이트는 무언가가 의식 밖으로 튀어나오지 못하도록 계속해서 억누르는 에너지를 억압이라 정의하고, 이 에너지가 일회성으로 끝나는 것이 아니라는 점에 주목했다. 숨기고 싶은 무언가가 세상 밖으로 모습을 드러내지 않도록 지속적으로 억압 에너지를 사용하는데, 여기에는 삶을 윤택하게 하는 생산 에너지까지 동원된다.

신체적으로도 그렇지만 마음의 에너지도 한정되어 있다. 이 한정된 에너지를 일, 관계, 자존감 형성 등 플러스가 되는 일에 사용하면 만족스럽고 행복할 테지만 누구나 조금씩은 마이너스가 되는 일을 감추기 위해서도 이 에너지를 사용한다.

우울증이나 불안증 때문에 내원하는 분들 중에는 지금이 삶에서 얼마나 중요한 시점인데 왜 우울이나 불안 따위에 맥을 못 추는지 모르겠다고 스스로를 탓하는 경우가 많다. 이성적으로 생각하면, 마음만 다잡으면, 의지만 있다면 우울이나 불안을 이겨낼 수 있을 것 같지만, 그게 말처럼 쉽지가 않다.

앞에서 이야기했듯이 우울, 불안, 분노는 원초적으로 느끼는 감정으로 자연스럽게 받아들이고 순응할 대상이다. 우울할 때는 잠깐 멈추어 쉬면서 에너지를 회복하거나 주위의 도움을 기다리면 되고, 불안할 때는 즉시 피할 방법을 모색해야 하며 화가 날 때는 화를 내는 것이 자연스럽다. 원초적인 감정마저 완벽하게 제어하려고 하지 말자. 이런 감정은 이성적으로 다루기가 힘들다. 그러니 자신의 의지를 탓하며 좌절할 필요가 없다.

뇌는 이런 증상과 맞서는 데 상당한 에너지를 사용한다. 한정된 에너지를 우울이나 불안을 억제하는 데 사용하면 생산적인 일에 사용할 에너지가 줄어드는 것은 당연하다. 오히려 감정을 잘 받아들이고 감정에 잘 반응하면 상대적으로 생산 에너지가 늘어나, 이 에너지로 당면한 일이나 인간관계, 자신에 대한 생각을 새롭게 전환해나갈 수 있다.

슬픔과 우울은 어떻게 다룰까

슬픔이나 우울이라는 감정 자체를 주의해야 할 필요는 없다. 대신 이런 감정을 유발하지 않는 상황에서 쉽게 슬퍼하거나 우울해지는 것은 아닌지 살펴봐야 한다.

사실 인간이 느끼는 원초적 감정은 슬픔이다. 슬픔과 우울에는 차이가 있는데 요즘 사람들은 슬픈 일을 겪으면 슬퍼하는 데 그치지 않고 우울하다고 느낀다. 대부분의 슬픔을 우울로 표현하고 있으며, 표현에 그치지 않고 우울한 것으로 받아들이는 것이다. 우선 슬픔과 우울을 구분해보자.

"나오코의 죽음이 내게 가르쳐준 것은 어떠한 진리도 사랑하는 이를 잃은 슬픔을 치유할 수는 없다는 것이다. 어떠한 진리도 어떠한 성실함도 어떠한 강함도 어떠한 부드러움도 그 슬픔을 치유할 수는 없는 것이다. 우리는 그 슬픔을 실컷 슬퍼한 끝에 거기서 무엇인가를 배우는 길밖에 없으며, 그리고 그렇게 배운 무엇도 다음에 닥쳐오는 예기치 않은 슬픔에는 아무런 도움이 되지 못하는 것이다."

무라카미 하루키의 소설 『상실의 시대』에 나오는 구절이다. 슬픔은 인간이라면 누구나 느끼는 감정이다. 누구도 이러한 상실의 슬픔을 피해갈 수 없다. 그 슬픔을 실컷 느끼고 받아들인 후 그 경험을 기억한다. 그 경험이 다음의 슬픔을 어찌하지는 못하더라도.

우울은 이와 다르다. 국어사전을 살펴보면 우울은 '반성과 공상이 따르는 가벼운 슬픔'으로 표현되어 있다. 가볍다는 것에는 동의하지 않지만 반성과 공상이 따른다는 점에는 주목할 필요가 있다. 이와 다르게 슬픔은 '슬픈 마음이나 느낌'으로 표현되어 있다. 슬픔에 '자기' 이입이 많은 경우에 우울이 나타난다고 볼 수 있다.

윤아 씨는 강아지를 아주 좋아했다. 하루는 지하철에서 내려 집으로 가는 길에 버려진 강아지를 보게 되었는데 가엽고 안타깝고 '슬펐다'.

키워보려 했지만 가족들의 반대가 심했다. 주민센터에 전화도 해보고 경찰서에 문의도 해봤지만 딱히 방법이 없다고 했다. 도와주고 싶은 마음은 굴뚝 같았지만 방법이 없었다. 작년에 죽은 반려견이 떠오르기 시작했다. 내가 할 수 있는 일이 또 아무것도 없다는 생각에 '우울'이 찾아왔다.

"제가 옳다고 생각하는 일이 잘 안될 때, 마음이 가라앉고 소진되는 에너지가 큰 거 같아요. 그게 지속되다 보면 내가 어떻게 사는 게 잘 사는 건지, 이렇게 살아도 괜찮은 건지 생각하게 되고 곧 허망한 느낌에 빠져버려요."

버려지고 굶고 있는 아이를 보면 누구나 가엽고 슬프다. 이 슬픔은 인간이 가지는 당연한 감정이다. 그런데 이런 아이를 보면서 '이건 옳지 않아, 그런데 내가 할 수 있는 일은 아무것도 없어', '내 탓이야, 이렇게 살아서 뭐 해'라는 생각에 우울해지는 것은 보편적인 감정이라 할 수 없다.

우울에서 벗어나려면

슬픔을 넘어 우울감으로 나를 찾아오는 사람들에게 내가 공통적으로 내리는 처방이 있다. 어떻게 보면 조금 무리한 일일 수도 있지만 다음 방문까지 걸리는 일주일 동안 본인이 할 수 있는 가장 간단한 일을 매일매일 반복해보라는 것이다.

예를 들면 방 청소 같은 일이다. 만약 방 청소를 할 에너지가 없다면 아침에 일어나서 이불 정리, 그것도 힘들다면 자신의 책상 정리를 매일매일 해보라고 요청한다.

지칠 대로 지친 사람들도 할 수 있는 단순한 그 일을 일주일 정도 하고 나면 다음과 같은 효과를 얻는다. 우선 일을 마치고 나서 뿌듯함을 얻는다. 그리고 일주일 동안 내가 약속을 지킬 수 있는 힘이 남아 있다는 안도감을 얻는다. 이 뿌듯함과 안도감은 그들을 다시금 일으켜 세우는 데 많은 힘이 된다.

조금 더 회복하고 나면 당시 상황에서 느꼈던 슬픔과 우울을 구분해보라는 주문을 한다. 윤아 씨의 경우 버려진 강아지를 보면서 느끼는 가여움과 슬픔에 자신이 아무것도 할 수 없다는 생각이 더해져 우울해지기 시작했다. 이 지점을 구분하는게 중요하다.

이후에는 조금 더 인지적으로 접근한다. 윤아 씨는 자신이 옳다고 생각하는 일이 잘 안될 때 우울감에 빠진다고 했다. 그럼 일이 잘 안된다는 개념을 자신이 어떻게 인식하는지 들여다본다. 그의 마음속에 일이 잘된다는 개념은 일이 자신이 원하는 방향으로 원하는 만큼 이루어지는 것이다. 그런데 자신이 원하는 만큼 일이 되는 경우는 사실 많지 않다. 대통령이나 대기업 회장이라 해도 자신이 원하는 만큼 일이 진행되는 경우는 거의 없다. 진인사대천명(盡人事待天命)이라는 말도 그냥 나온 게 아닐 것이다.

나는 일이 잘된다는 개념을 내가 '할 수 있는 일'로 국한하여 보려고 한다. 윤아 씨의 상황에 빗대어보자면, 주위에 버려진 강아지가 있는 것을 알아차린 일, 이를 알고 나서 그냥 지나치지 않고 가족에게 이야기하고, 주민센터와 경찰서에 연락을 한 일 모두 다른 누구보다 한 단계 더 생각하고 한 단계 더 행동한 잘한 일이라는 것이다.

이처럼 한계 설정을 제대로 해야 필요 이상의 우울을 느끼지 않을 수 있다. 내가 할 수 있는 일을 하는 것이 중요하다. 그 밖의 일은 우리의 영역이 아니다.

예측 불가능이 주는 불안감

　내담자 중에 한 분은 아무 이유 없이 불안해지는 증상으로 내원했다.

　"저는 가끔 회사 건물이 무너지지는 않을까 하는 걱정이 들어서 끝도 없이 불안해져요. 운전을 하다가도 반대편 차선의 차가 중앙선을 넘어 내 차를 박지는 않을까 두렵고, 길을 걸을 때도 저를 향해 걸어오는 사람이 갑자기 저한테 침을 뱉지는 않을까 걱정이 돼요."

　또 다른 내담자는 인간관계 문제로 내원했는데 그는 유독 외향적인 사람들을 어려워했다.

　"저는 둘이서만 만나는 줄 알고 나갔는데 다른 친구들도 함께 나와 있을 때가 있어요. 그러면 말을 잘 못하겠어요. 다들 에너지가 넘치고 활동적이다 보니 대화를 하다가 어디가 맛있다더라 이런 이야기가 나오면 갑자기 그곳으로 이동을 해요. 어디로 튈지 모르니까 좀 긴장이 되더라고요. 저랑 잘 안 맞는 것 같아요."

　불안은 자신이 긴박한 신체적, 사회적 위험 안에 있다고 느낄 때 발생한다. 이때는 이 상황이 불쾌할 수는 있지만 위험하지는 않다는 것을 아는 것만으로도 큰 도움이 된다. 과거의 원시인은 천둥 번개가 치면 하늘이 무너질지도 모른다는 생각에 두려워했다. 그러던 어느 날 누군가 "천둥 번개가 치는 것은 신이 노해서 그런 것이다! 신의 마음을 풀어주자!"라고 주장하자 현상에 대한 이유를 찾고 그에 맞는 대처를 하기 시작했다. 제사를 지내고 제물을 올리는 등 현상을 잠재울 수 있는 해결책을 마련한 것이다.

그 이유가 사실이든 아니든 상관없다. 과학적으로 옳지 않은 추론이었다 한들 원시인들에게는 더 이상 천둥 번개를 두려워하지 않게 만드는 이유가 됐다. 알지 못하는 것, 예측 불가능한 것에 사람들은 불안을 느낀다. 그럴 때는 과거 원시인이 그랬던 것처럼 불안을 유발하는 일에 이름을 붙여주자. 그것이 논리적으로 맞는지 아닌지는 중요하지 않다. 목적은 우리의 마음을 가라앉히는 데 있다.

또 하나, 사람들은 불안감을 느끼면 이 불안한 마음 때문에 어이없는 실수를 저지를까 봐 더욱 불안해한다. 긴장감, 불안감 때문에 낯선 사람들 앞에서 실언하지 않을까, 간단한 계산도 제대로 하지 못해서 놀림을 받는 것은 아닐까, 중요한 자리에서 얼어붙어 그 자리를 망치지는 않을까 더 불안해한다. 그러나 다행히도 한 연구 결과에 의해 높은 수준의 불안 상태에 있다고 해서 반드시 수행 능력이 떨어지는 것은 아니라는 사실이 밝혀졌다.

각 개인마다 불안 수준과 업무 성과는 다르다. 어떤 사람은 극한 스트레스 상황에서 창의적인 문제 해결이 가능하고, 어떤 사람은 여유로운 상황에서 빠르게 결정을 내릴 수 있다. 그래서 일을 할 때는 자신에게 맞는 적절한 불안 수준과 적정 유지 기간을 알 필요가 있다. 그래야 지치지 않고 장기적으로 이어나갈 수 있기 때문이다.

아래의 체크리스트를 통해 불안의 수준과 업무 성과를 평가해보자. 이를 파악하면 불안 정도를 업무 스케줄에 맞춰 조절할 수 있는 능력이 생길 것이다.

---

1. 하루 동안의 불안 수준과 업무 성과에 대한 데이터를 모은다.
   예) 3월 27일: 불안 3 → 업무 성과 7

---

2. 불안 수준과 관련 있는 환경 요인을 수집한다. (직장에서의 요인, 가정에서의 요인, 심리적 요인)

---

3. 한 달 동안 데이터가 모이면 그래프를 그려보고 자신이 어떤 유형인지
   파악한다. 대부분 다음의 세 가지 유형 중 하나에 해당한다.

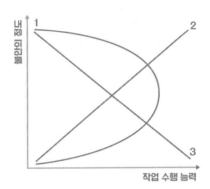

4. 위 데이터에 금요일까지 일이 끝난 후 본인의 체력을 표시하고 월요일 아침
   일하러 가기 전에 본인의 체력을 표시한다. 자신의 업무 유형을 파악해 어느
   정도의 불안 수준을 유지하는 것이 좋은지 선택한다.

　　항상 최고의 성과를 유지할 수 있도록 불안 수준을 유지하
면 좋겠지만 사람이라면 당연히 지치고 흐트러지기 마련이다.
다만 우리가 기억해야 할 것은 불안할 때조차 우리는 적절하게
무엇이든 해낼 수 있다는 점이다. 불안한 마음 때문에 더 불안
해할 필요는 없다.

기대가 무너질 때 분노가 차오른다

우울증만큼이나 일상 대화에서 자주 사용하는 증상 언어가 분노조절장애다. 그러나 사실 정신건강의학과에는 분노조절장애라는 진단명이 없다. 분노조절장애라는 것은 분노를 조절하지 못하는 상태로, 간헐성 폭발장애에서 보이는 증상과 유사하나 우울증, 불안장애를 갖고 있는 사람이거나 심지어 건강한 사람에게서도 나타날 수 있다.

그런데도 많은 사람들이 분노조절장애라는 말을 쓴다. 〈정신의학신문〉을 통해서도 그렇고, 진료실 안팎에서도 화와 관련된 적지 않은 사연이 접수된다. 직장 상사가 너무 자주 화를 내서 고통을 받는 경우도 있고, 스스로 분노를 조절하지 못해서 가까운 관계들이 망가진 경우까지, 가지각색의 사연들이 도착한다. 분노는 즉각적이고 뜨거워서 다루기 쉽지 않은 감정이다. 화가 치밀어 오르면 순식간에 압도당하기 십상이다.

최근 가족여행을 다녀온 지연 씨는 가족들에게 잔뜩 화가 난 채 나를 찾아왔다.

"올해가 엄마 환갑이라 가족끼리 여행을 다녀오기로 했어요. 패키지는 싫다고 하셔서 제가 일정부터 비행기와 숙소 예약까지 다 해야 했죠. 부모님이랑 오빠네 부부와 조카, 저와 남편까지 꽤 많은 인원이 함께 가다 보니까 챙길 게 너무 많더라고요. 근데 오빠는 일이 바쁘다면서 신경도 안 썼어요.

그런데 막상 여행지에 도착하니 오빠가 여행을 이끌게 되는 거예요. 오빠가 영어를 잘하거든요. 저는 못하고요……. 고생은 제가 다 했는데 오빠가 현지에서 외국인들이랑 소통하니까 엄마 아빠는 알지도 못하고 오빠한테만 '고생한다', '내 아들이 이렇게 영어도 잘하고 너무 자랑스럽다'는 말을 계속했어요. 오빠도 제가 준비했다는 얘기는 쏙 빼놓고 이 정도는 일도 아니라면서 뻔뻔하게 겸손한 척을 하고요. 재주는 곰이 넘고 돈 버는 사람은 따로 있다더니 너무 화가 났어요."

분노는 자신의 것을 빼앗기거나 손실을 봤다고 여길 때 혹은 타인에 의해 무시를 당한다고 느낄 때 생겨난다. 뇌 구조상 분노는 즉각적일 수밖에 없어서 분노에 압도되면 지금 당장 이 분노를 상대에게 표현하고 앙갚음해주고 싶다는 생각에 휩싸이게 된다. 따라서 인지적으로 다루기보다 신체 반응으로 억제하는 것이 효과적이다. 당장 화가 나면 심호흡을 하거나 가능하다면 건물 밖으로 나가서 걷는 것을 추천하는 이유다.

참을 것인가 터뜨릴 것인가

분노를 느끼면 사람들은 '참기'와 '터트리기' 중 하나를 선택한다. 물론 참는다고 해도 분노가 사라지는 것은 아니다. 꾸역꾸역 억누른 화는 두 방향으로 향한다.

첫 번째 방향은 대상을 가리지 않고 갑자기 폭발하는 것이다. 거대해진 풍선을 날카로운 바늘로 찌르듯 펑펑 터져버린다. 말만 걸었을 뿐인데 화로 되받아치고, 심한 경우 사내에서 고성을 지르기도 한다. 이런 행동은 저지르고 나서가 문제다. 자괴감과 죄책감에 괴로워지기 때문이다. 내 무의식은 지금 터트리는 '화'가 주위 사람들 때문이 아님을 알고 있다. 그래서 밀려오는 죄책감에 또다시 상처를 입게 되는 것이다.

두 번째 방향은 화라는 감정이 돌고 돌아 자신에게로 향하는 것이다. 이런 화는 자신을 망가트린다. 자신에게로 향하는 분노를 억누르기 위해 많은 정신적 에너지가 소요되는데 정신분석학에서는 우울증의 기전(機轉)을 이런 식으로 설명한다.

분노를 유발하는 감정을 적절하게 풀어주지 않으면 마음속에 먼지처럼 쌓이게 된다. 마음속에 쌓여 거대해진 화는 자신도 통제하지 못할 수준으로, 마치 제2의 인격처럼 멋대로 활동하며 본래의 자아를 손상시킨다. 분노라는 자아가 본래의 자아를 덮치는 일이 발생하는 것이다.

치밀어 오르는 화를 어떻게 다뤄야 할지 모르겠다면, 화를 폭발시켰을 때 발생할 문제와, 참았을 때 발생할 문제를 비교해보자. 모든 상황에 맞는 정답은 없다. 어떤 상황에서는 폭발시켰을 때 잃을 것이 더 많을 것이고, 어떤 상황에서는 화를 참는 것이 오히려 치명적인 결과를 불러올 수 있다. 상황마다 문제를 비교하여 적절한 행동으로 대응해야지 언제나 꾹 참거나 즉시 터트리는 하나의 자세만을 고집해서는 안 된다.

학습된 감정
: 죄책감, 수치심

＋

관계 경험이나 학습에 의해 생겨나며 '무엇을 해야만 한다'
라는 입장 채택과 관련이 깊은 감정은 2차 감정이다. 죄책감,
수치심, 부끄러움, 실망감 등이 그러한 감정이다. 이 감정들은
1차 감정과 달리 후천적으로 생긴 것이기 때문에 인지적인 노
력을 통해 충분히 교정할 수 있다.

행동에 대한 비난, 죄책감

죄책감은 무언가를 지켜야 하는데 지키지 못했을 때, 무언가

를 해야 하는데 하지 못했을 때 생겨나는 감정이다. 즉, 행동에 대한 비난을 내포하고 있다. 죄책감은 분노나 불안, 놀라움과 같은 원초적인 감정만큼 강렬하진 않지만 서서히 사람을 잠식시킨다. 알 수 없는 불편감으로 나타나며, 이러한 불편감은 자유로운 삶에 수시로 발을 건다. 굳이 갖지 않아도 될 부담감을 갖게 만들어 중요한 때에 옴짝달싹 못 하도록 만든다.

죄책감은 흔히 타인을 책임지려는 비현실적인 생각과 관련된다. 내 눈에는 약해 보이고, 보호해줘야 할 것 같고, 내가 없으면 잘못될 것만 같지만 상대도 자의식이 있는 인간이다. 곰곰이 생각해보자. 책임이 정말 나에게 있는가? 지나친 죄책감은 나도 상대도 옭아매는 족쇄가 될 뿐이다.

현대사회에서는 죄책감 대신 '민폐'라는 단어를 많이 사용한다. 특히 밀레니얼 세대는 상대에게 폐를 끼치는 것을 극도로 경계한다. 카페에서 자신 때문에 주문이 밀려 사람들에게 폐를 끼칠까 봐 두려워하고, 자신의 능력이 부족하여 타인의 도움을 받는 상황을 견디지 못한다.

이런 감정은 자신에게만 상처를 입히는 것 같지만, 반대로 민폐를 끼치는 타인을 봤을 때 분노감으로 표출될 수 있다. 죄책감과 분노감이 반대의 성격을 지닌 것처럼 보이나 동전의 양

면처럼 한 몸임을 알 수 있다.

그러다 보니 죄책감은 원망과 함께 나타나는 경우가 많다. 가장 쉽게 볼 수 있는 사례가 부모와 자식의 관계다. 특히 엄마와 딸 사이의 감정은 한 단어로 표현하기 어려울 정도다. 현재 20~30대는 자신을 키우기 위해서 엄마가 얼마나 희생했는지 두 눈으로 목격한 세대다. 극한 상황에서도 엄마가 버틴 이유는 오직 자식 때문이라는 말을 수십 번, 수백 번 듣고 자랐다. 싫든 좋든 이런 소리를 듣고 자란 아이는 어떠한 것을 결정할 때 엄마를 빼놓을 수 없다. 이것이 바로 잘못된 죄책감이다.

부모에게 죄책감을 느낀다면

무능한 아빠 때문에 억척스럽게 생활을 꾸려가는 엄마 밑에서 성장한 소정 씨. 소정 씨는 엄마가 얼마나 고생하면서 자신을 키웠는지 너무도 잘 안다. 같은 여자로서 엄마의 삶이 너무 안타깝고 엄마가 불쌍하다는 말도 여러 번 했다.

그래서 소정 씨는 남자 친구가 생겨도 집에서 데이트를 하는 일이 잦다. 데이트를 하러 나가면 혼자 남아 있을 엄마가 눈에 밟혀 차마 나갈 수가 없는 것이다. 이런 일이 누적되다 보니 연인 관계는 오래가지 못했고, 그때마다 소정 씨는 엄마 때문에 헤어졌다고 원망한다. 엄마를 향한 감정이 죄책감에서 원망으로 바뀌게 된 것이다.

엄마에게 고마움을 느끼는 것과 보상을 해줘야 하는 것은 다른 문제다. 자녀에게 무언가를 보상받고자 임신과 출산을 계획한 엄마는 한 명도 없을 것이다. 이런 엄마의 마음을 사랑으로 받아들이면 자유로운 인간이 될 수 있지만 보답해야 할 채무로 인식하면 억압받는 삶을 살게 된다.

과연 엄마가 데이트 때마다 이런 감정을 느끼라고 고된 세월을 견디며 자식을 키웠을까? 아닐 것이다. 엄마가 아이를 낳아서 키우는 것은 어떤 보상을 바라서가 아니다. 세상의 어떤 부모도 자녀가 자신들에게 미안함과 먹먹함, 죄책감을 가지기를 바라지 않는다. 자녀의 행복이 곧 자신들의 행복이라고 평생을 믿고 달려온 분들이 아니던가. 우리는 '행복하게 사는 모습'을 통해 그분들의 사랑에 보답하면 된다.

그러나 혹여라도 당신의 부모가 당신의 삶을 통해 자신의 인생을 보상받기를 원하거나, 아직도 당신이 생각과 감정이 있는 한 명의 인간이라는 점을 받아들이지 못했다면 바뀌어야 할 사람은 부모이지 당신이 아니다. 아직도 "내가 너를 어떻게 키웠는데"와 같은 말로 당신의 인생을 억압하려 한다면 당신에게 필요한 것은 죄책감이 아니라 독립심이다.

스스로를 공격하게 만드는 수치심

도덕적이거나 윤리적인 기준에 못 미칠 때 느끼는 감정이 죄책감이라면 수치심은 자신이 타인에 비해 약하고 어리석고 열등하다고 판단할 때 느끼는 감정이다. 대부분 자신이 보이고 싶은 자아 이미지와 실제 평가되는 자아 이미지가 일치하지 않을 때 수치심을 경험한다.

수지 씨는 최근 친구들과 호텔 레스토랑에 갔다가 기분 나쁜 일을 경험했다. 고등학교 친구들과 매달 2만 원씩 붓는 모임 비용으로 연말에 근사한 호텔 레스토랑에 가서 식사를 하기로 한 자리였다.

"그날 마침 비가 와서 원래 입으려던 비싼 코트 대신 새로

산 디자인이 예쁜 보세 코트를 입고 나갔어요. 예쁘니까 상관 없다고 생각했죠. 그런데 레스토랑 웨이터가 예약한 방으로 안내를 해준 뒤에 코트를 받아준다는 거예요. 별생각 없이 벗었는데 그 웨이터가 코트의 태그가 보이게 옷을 정리하더라고요. 다른 친구들은 다 유명 브랜드 옷을 입고 왔던데 저는 왜 하필 그 옷을 입고 갔는지……. 식사 시간 내내 기분이 상해서 음식 맛이 어땠는지도 잘 모르겠어요. 왠지 웨이터는 나한테만 무례하게 대하는 것 같았고요."

수치심은 분노보다 화력의 세기가 덜하나 자신의 일부가 아닌 전체를 결핍된 존재로 보게 한다는 점에서 더 위험하다. 총체적으로 나를 검토했더니 이 모임에 어울리지 않은 '열등한 존재'로 인식하게 함은 물론, 이러한 느낌을 사실로 받아들이게 한다.

영화에서 보면 악당이 무기와 동기만 제공하고, 나약한 누군가가 실제로 범죄를 저지르게 만드는 경우가 있는데 이 경우가 그렇다. 가해자는 외부에 있는데 엉뚱하게도 나의 공격은 내부에 있는 자아로 향하게 되는 상황에 빠지고 만다.

타인의 잘못은 타인의 것으로 두자

정신분석학적으로 보면 사람들이 명품을 구매하는 이유는 명품을 통해 스스로 명품임을 드러내고 싶어서라고 해석할 수 있다. 소유물이 곧 자신을 대변한다고 생각하기 때문이다.

수지 씨도 옷의 브랜드와 자신을 동일시한 경우다. 명품을 입은 친구들과 보세를 입은 나. 명품 친구들과 보세인 나. 명품 친구들과 보세인 나를 서빙하는 웨이터. 명품 레스토랑에 어울리지 않는 보세인 나. 이렇게 세상을 바라볼 경우 수치심은 어느 순간 내 눈과 귀를 막아버릴 수밖에 없다. 수치심에 갇혀 있는 동안에는 고급 레스토랑도 맛있는 음식도 제대로 즐길 수가 없는 것은 당연하다. 나에게 맞지 않는 것을 즐겨야 하는 불쾌한 감정은 괴로운 것이다.

근본적인 해결책은 소유물과 자신을 동일시하는 시선을 바꾸는 것이다. 건강한 자기감을 갖는 것이 한 방법인데 이에 관해서는 뒤에서 자세히 설명하겠다.

여기서는 수치심에 대해 알아보자. 수치심은 어느 순간 불쑥 솟아오르는 감정이 아니다. 이 감정은 비교적 깊은 뿌리를 가지고 있다. 가족 내에서 비교를 당하거나, 학교에서 따돌림을

수치심을 느끼면 가해자는 외부에 있는데 엉뚱하게도 나의 공격은 내부에
있는 자아로 향하게 되는 상황에 빠지고 만다.

당하거나 누군가에게 배신을 당한 경험, 또는 자신의 외모, 성격, 능력을 폄하당하고 심지어 존재마저 부정당한 경험들이 뿌리를 이루고 있을 테다. 이런 뿌리에 자극을 주는 순간, 잠자고 있던 수치심이 고개를 드는 것이다.

수치심이 자극되면 우리는 그 뿌리가 만들어졌던 순간으로 타임머신을 타고 이동해버린다. 그러고는 그때 느꼈던 수치와 모멸의 감정으로 현재 상황을 해석한다.

웨이터의 태도가 무례하게 느껴지는 이유는 수치심이 자극되었기 때문이다. 만약 웨이터의 태도가 진실로 무례했다면, 그의 무례한 태도는 나를 향한 것이 아니라 내 옷을 향한 것이다. 그가 그런 사람이었던 것이다. 사람을 사람이 아니라 옷으로 평가하는. 물론 이것도 불쾌한 일이지만 그렇다고 예전에 겉모습으로 무시당했던 경험들까지 줄줄이 떠올려 나를 상처 줄 만한 일은 아니다. 상대의 무례는 상대의 부족한 점으로 놔둘 수 있어야 한다. 겉모습만 보고 타인을 판단하는 모자란 사람 때문에 나의 소중한 시간을 망치지는 말자.

상황에 맞는
올바른 판단을 하는 법

✦

　가끔 "사람 심리에 대해 잘 아는 정신과 의사니까 아내나 가족과 다투지 않겠네요?"라는 질문을 받는다. 정신과 의사에 대한 환상을 깨는 것 같아서 겸연쩍지만 안타깝게도 그렇지 않다. 정신과 의사도 사람인지라 주변 사람들과의 관계에서 갈등이 없을 수 없다. 다만 나의 경우 갈등이 일어나면 상황을 점검한 후에 감정 인출을 결정하려고 노력한다.

　정신과 수련을 할 때 교수님께 "환자 상황이 어땠는지 영화를 찍듯이 살펴봐라. 담당 의사의 묘사만으로도 제3자가 환자의 상황을 알 수 있도록 구체적으로 살피는 것이 중요하다"라는 말을 들었다.

생각이든 감정이든 외부의 자극, 즉 특정 상황에서 출발한 것이기에 어떤 자극이 있었는지 확인하는 일이 선행돼야 한다는 것이다. 그다음에야 비로소 내담자가 느낀 생각과 감정이 그 상황에서 가질 만한 것이었는지, 잘못된 경험이 만든 생각의 뿌리에서 나온 것이었는지 판단할 수 있다.

내가 왜 이런 감정을 느꼈지?

상황을 구체화하는 것만으로도 상대가 내게 상처를 줄 만한 상황을 연출했는지, 아닌지를 구분할 수 있다. 내게 상처를 준 상황이라면 슬픔과 분노를 느끼는 것이 맞다. 그런데 이 상황에서 죄책감을 느낀다면, 또는 타인이 내게 상처를 주지 않은 상황인데 슬픔과 분노를 느낀다면 상황과 감정이 잘못 연결된 것이다. 이전의 습관, 생각의 뿌리, 기질적인 부분이 잘못돼 있을 수 있다.

조금씩 본래대로 바꿔놓아야 타인과도 잘 어울릴 수 있다. 잘못된 감정 습관, 생각의 뿌리가 자리 잡기 전에 감정을 역추적해 옳은 방향을 찾는 것이 인지행동치료의 큰 방향이다.

그러나 생각보다 상황을 제대로 묘사하는 이가 드물다. '어떤 상황에서 속상했던 것 같아요?'라고 물으면 쉽게 대답하지 못한다. 처음에는 '나는 어떤 상황에서 우울해'에서 시작했는데 스트레스를 계속해서 받으면, 서술 기억을 담당하는 뇌가 크게 손상된다. 그래서 상황을 잊어버리는 것이다.

이렇게 되면 아래와 같이 '주체(나)는 감정이다'로만 정리해 버린다.

- 나는 불안해
- 나는 우울해
- 나는 화가 나

원래는 다음과 같이 상황과 감정이 연결되어야 하는데 상황이 생략된 것이다.

- 나는 시험을 앞두고 있어서 불안해
- 나는 시험을 망쳐서 우울해
- 나는 시험장에서 앞사람이 시끄럽게 해서 화가 나

감정이 올바른 판단을 도와준다

상황을 알아야 하는 이유는 같은 상황이라도 생각을 만드는 요소가 조금씩 다르기 때문이다. 그 상황만 구체화해도 많은 것들이 달라진다. 출근길에 누군가가 내 인사를 받지 않은 상황에 대해 생각해보자.

대상에 따라서

거래처 직원이 나에게 인사를 안 하고 지나갔다면 불안한 게 자연스럽다. '거래처가 끊기면 어쩌지?'

만약 아는 사람이라면 '내가 뭘 잘못했나?', '쟤가 나한테 뭐 서운한 게 있나?'라는 생각이 들 수 있다.

때에 따라서

출근하는 시간이었는데 그 사람이 회사에서 헐레벌떡 뛰어

나왔다면 '나에게 인사를 못 할 정도로 중요한 일이 터졌구나!'
가 된다.

기타 변수에 따라서

옷차림도 중요한 변수가 될 수 있다. 옷도 못 걸치고 뛰어나
왔다면 무언가 급박한 상황이 생긴 것이 분명하다. 이럴 경우
'저 사람이 날 못 봤을 수도 있겠구나'라고 생각하는 것이 합리
적이다.

전학을 가거나 새로운 사교 모임에 들어가는 것처럼 새 집
단에 적응해야 하는 상황을 상상해보자. 대부분 불안한 감정이
들고 위축될 것이다. 이때는 긴장감과 초조함, 우울감을 느끼
는 것이 정상이다. 그래야 적응 방향을 제대로 잡을 수 있다.

만약 이 감정을 무시하고 억지로 파이팅을 외치며 새로운 조
직의 분위기를 읽지 못하고 자신을 있는 그대로 드러내면 잘못
된 포지션을 잡을 수 있다.

A라는 상황에는 A에 맞게, B라는 상황에는 B에 맞게 행동해
야 삶의 만족도가 높아질 수 있다. 무조건 화를 참을 게 아니라
화를 내야 할 상황에서는 적절하게 화를 내야 한다. 불안한 상

황에서는 불안해야 생존에 맞는 길을 모색할 수 있다. 감정을 '제대로' 만나야 상황에 맞는 '올바른 판단'이 가능해진다는 말이다.

감정 뒤에
숨은 생각

✦

감정은 행동을 유발하고, 행동은 감정을 해소시킨다. 반대로 감정이 줄어들면 행동하고자 하는 욕구도 줄어든다. 예를 들어 분노라는 감정은 우리를 투쟁하게끔 만들고, 투쟁이라는 행동은 분노를 줄여준다. 분노라는 감정이 줄어들면 싸워야겠다는 욕구도 줄어든다. 또한 불안이라는 감정은 우리를 도피하게끔 만들고, 도피라는 행동은 불안을 줄여준다. 마찬가지로 불안이 줄어들면 피해야겠다는 욕구도 없어진다. 이렇듯 감정에 맞게 적절한 행동을 하는 것은 감정을 제대로 다루는 일에 도움이 된다.

그런데 같은 감정을 느끼더라도 감정의 이유는 다를 수 있다. 좋아하는 친구와 관계가 소원해져서 힘든지, 내가 하고 싶은 일이 잘되지 않아서 힘든지, 건강이 나빠져서 힘든지 등 다양한 형태의 괴로움이 '힘들다'라는 말로 표현된 것이다. 하지만 사람들은 대부분 감정의 원인은 찾지 않고 지금 강렬하게 느껴지는 이 감정을 어떻게 해소할지에만 몰두한다.

감정과 행동의 상관관계

상황을 제대로 파악하지 못해서 상황에 맞지 않는 행동을 하면 오히려 부정적인 감정을 낳는 역효과를 초래한다. 단순히 투쟁, 도피, 얼음 반응에서 끝나는 것이 아니라 과잉 보상, 회피, 굴복 반응을 만들게 되는 것이다.

집으로 돌아가는 길에 우연히 윗집 아주머니와 엘리베이터를 타게 됐다고 가정해보자. 좁은 공간에 아주머니와 단둘이 있으니 괜히 긴장이 된다. 아무 말 없이 있으면 예의 없는 사람으로 오해를 받게 될 것 같아 인사 후에 쓸데없는 말들을 내뱉기 시작했다.

"요즘 남편분 술 드시나요? 저희 집은 어제 남편이 또 술 마시고 들어와서 또 한바탕했지 뭐예요." 엘리베이터가 올라가는 그 짧은 순간을 참지 못하고 왜 그런 말을 내뱉었는지 후회하는 건 엘리베이터에서 내린 다음이다. '아, 내가 또 이상한 말을 해버렸네'라는 생각이 머릿속을 떠나지 않는다.

다음 날, 엘리베이터를 기다리는데 우연히 어제 만났던 윗집 아주머니가 엘리베이터를 타러 걸어오는 것을 발견했다. 어제 일을 떠올리며 아주머니를 피해서 계단으로 올라갔다. 5층쯤 올라가니 다리도 아프고 너무 힘이 든다. '바보같이 엘리베이터도 못 타고 이게 뭐람'이라는 생각이 머릿속을 꽉 채운다.

그다음 날, 밖에 나가고 싶지 않다. '나가봤자 뭐 하겠어. 엘리베이터도 못 타는 바보인데'라는 생각이 들었기 때문이다.

낯선 이웃과 엘리베이터를 타는 일은 누구에게나 어색한 일이다. 대부분 '인사를 해야 해, 말아야 해' 주저하며 묵례를 하거나 모르는 척 거울을 보며 딴청을 피운다. 이 정도는 적절한 범위의 반응이다.

그런데 위 사례의 사람은 예의 없는 사람으로 보일까 봐 불안하다. 사람들이 나를 이상하게 볼까 봐, 혹시라도 아주머니가 안 좋은 소문을 퍼뜨리고 다닐까 봐 걱정이 된다. 그렇다면 적절하게 반응하기가 어렵다.

그래서 쓸데없는 말을 늘어놓는 '과잉 보상'을 하고, 아주머니를 다시 만나는 어색한 상황을 피하기 위해 힘든 길을 선택하는 '회피'를 하고, 그런 상황이 일어날 가능성을 차단하기 위해 외출조차 하지 않는 '굴복'의 반응을 보인다.

잠깐의 어색함을 견디고 간단한 인사만 나누었더라면, 이런 상황을 몇 번 반복하고 이 정도 인사로도 문제가 없다고 안심을 했더라면, 다음부터는 엘리베이터 타는 일이 긴장되지 않았을 테다. 하지만 과잉 보상을 하고 회피를 선택한 그는 자존감이 떨어지고, 낯선 상황에 대한 두려움이 극도로 커져 외출도 못 하는 지경에 이르게 되었다.

부적절한 행동을 한 나를 달래주기

만약 상황에 따른 적절한 행동을 하지 못해 괴롭다면 이미 지나가버려 되돌릴 수 없는 행동에 대해 자책하지 말자. 부적절한 행동 뒤에 따라오는 자기 비난은 단순히 행동만을 탓하는 것이 아니라 '바보같이'라는 자신에 대한 평가와 판단을 포함하기 때문이다. 자신의 행위에 대한 평가와 판단은 악순환의 고리를 만들 뿐이다.

판단이란 '좋다 vs. 나쁘다', '옳다 vs. 그르다'로 나누어 평가하고 명명하는 일로 실망감과 괴로움을 불러일으킨다. 더 나아가 나를 탓하거나 남을 탓하거나 혹은 상황을 비난하는 데 시간을 보내게 만듦으로써 의식이 과거에 머물러 있게 만들어버린다. 즉, '지금 여기'에서 최선의 행동을 하는 것을 방해한다.

좋고 나쁘고, 옳고 그르고를 판단하려 하지 말고 있는 그대로의 사실만을 바라보는 연습이 필요하다. 사람들은 객관적인 세상을 똑같이 바라보고, 느끼며 살아간다고 생각하지만 실제로 사람들은 자신만의 주관적인 세상을 산다. 내 마음이 만들어낸 세상, 개인이 느끼는 주관적인 세상을 심리학 용어로 '심리적 실재'라고 한다. 세 명이 모여 이야기를 나눈 상황을 나중에 개개인에게 물어보면 서로 다르게 기억하는 것도 이 때문이다. 각자 자기의 시선으로 바라보고 받아들이기 때문이다. 그러니 스스로를 부정적으로 판단하는 습관을 멈추고 객관적인 사실 자체만을 보려 노력해야 한다.

다음은 부정적인 판단에서 벗어나지 못할 때 유용하게 사용할 수 있는 체크리스트다. 적절하지 않은 행동을 한 자신이 견딜 수가 없다면 다음의 질문에 답하며 옳고 좋은 것, 나쁘고 그른 것으로 판단하는 대신 미래에 도움이 되는 것, 해롭거나 무익한 것으로 받아들이는 연습을 해보자.

---

1. 그때의 상황을 설명해봅시다.
누가 / 언제 / 어디서 / 무엇을 / 어떻게 / 왜

_____

2. 그 상황에서 내가 내린 부정적 판단은 무엇인가요?

_____

3. 그때의 감정, 집중도, 평안도를 평가해보세요.

_____

4. 그 상황에서 객관적인 사실만 골라보세요.

_____

5. 기록한 객관적인 사실들을 아래의 두 가지 내용으로 분류해봅시다.
   ① 나의 미래에 도움이 되는 것
   ② 해롭거나 무익한 것

_____

6. 다시 감정, 집중도, 평안도를 평가해보세요.

_____

앞서 말했듯이 적절한 행동은 감정을 완화시킨다. 행동 후에 변화하는 감정을 자세히 살펴보면 고요함과 평안함이 찾아오 거나 아니면 잠시 수그러들었다가 오히려 활개를 치는 양상을

보인다. 적절한 행동을 했다면 고요함과 평안함이 찾아올 것이고 그렇지 않다면 후자가 찾아올 것이다. 그렇다면 적절한 행동은 어떻게 찾을 수 있을까? 아래의 행동 찾기 체크리스트를 통해 자신이 주로 어떤 감정에 의해 움직이는지 알아보자. 그리고 어떤 행동을 했을 때 마음의 안정을 찾을 수 있는지 알아보자. 자신의 행동을 구체적으로 묘사하는 것과 행동 후 감정 변화가 이 과제의 핵심이다.

---

1. 오늘 자신이 한 행동 중 가장 기억에 남는 행동을 적어보세요.

2. 그때의 상황을 설명해봅시다.
   누가 / 언제 / 어디서 / 무엇을 / 어떻게 / 왜

3. 그때 느낀 감정은 무엇이었나요?
   예) 기쁨, 즐거움, 행복, 우울, 불안, 슬픔, 혐오, 놀람, 분노, 수치심

4. 감정의 정도를 숫자로 표현해보세요. (가장 약한 수준 0, 최고 강렬한 수준 10)

5. 행동 후 감정이 어떻게 바뀌었나요?

---

6. 변화된 감정의 정도를 숫자로 표현한다면 몇 점일까요?

_____

7. 행동을 한 후 상황이 어떻게 바뀌었나요?

_____

8. 앞으로 같은 상황에서 어떤 행동을 선택하는 것이 좋을까요?

_____

같은 상황에서도 누구는 행복하고 누구는 불행한 이유

우리를 괴롭히는 것은 현실적 상황이 아니라 그 현실을 받아들이는 우리의 생각과 마음이다. 모두 다 이용하는 버스나 지하철도 사고가 날 것 같은 불안감 때문에 타지 못하는 사람도 있다. 같은 시험을 앞두고 있더라도 저마다 불안해하는 정도가 다르다. 과도한 불안과 걱정을 안고 사는 사람과 그렇지 않은 사람이 사는 세상은 객관적으로 보면 다르지 않다. 다만 그들이 살고 있는 주관적인 세상이 그들의 생각과 마음을 불안으로 가득 차게 만드는 것이다.

우리가 생각을 바꿀 수 있다면 우리가 바라보는 세상도 바꿀 수 있다. 우리의 마음을 바꿀 수 있다면 우리의 삶도 바꿀 수 있다. 겉으로 드러나는 감정과 행동 아래에는 이 모든 것의 출발인 생각이 있다. 어떤 생각을 가지고 있느냐에 따라 세상이, 타인이 달리 보이는 것이다.

고속도로를 운전하는 중에 옆 차가 위험하게 끼어든 상황에서 누구는 자신의 앞길을 막는 것에 화가 나서 경적을 울리며 따라갈 것이고, 누구는 사고가 날 뻔한 위험 때문에 놀라 차 안에서 삿대질을 하며 욕을 하겠지만, 어떤 사람은 '바쁜 일이 있나 보네' 하고 대수롭지 않게 여기며 금방 평온을 찾는다. 같은 상황에서도 다른 감정과 행동을 하는 것은 생각이 다르기 때문이다.

다음 장에서는 이 감정이 왜 생겼는지, 어떤 생각에서 나왔는지 그 이유를 찾아보려 한다. 감정 밑에 숨겨진 생각을 바꿀 때 비로소 근본적인 해결이 가능하기 때문이다.

3장

나를 넘어트리는 생각에서 벗어나기

나를 힘들게 하는 생각은
어디에서 올까?

※

병원에 처음 방문하는 분들은 대부분 신체적 증상으로 인한 불편 때문에 병원을 찾아온다. 가슴이 너무 두근거린다, 엘리베이터만 타면 호흡이 가빠져서 탈 수가 없다, 잠을 자기가 어렵다, 식욕이 사라졌다, 도무지 집중할 수가 없다, 아침에 일어나는 일이 너무 힘들다 등 분명한 증상을 호소한다. 그래서 어떤 분들은 이러한 신체적 증상을 억제하는 약만 처방해달라고 한다. 다른 문제는 없고, 이 증상을 통제하기 힘드니 약물로 해결하고 싶다는 얘기다. 그러나 근본적인 해결을 위해서는 이 증상의 기저에 있는 원인을 알아야 한다.

몇 달째 수면장애로 고생하고 있는 고등학생이 내원한 적이 있다. 학업 성적이 우수한 학생이었는데 잠을 못 자서 학업에 방해가 될까 봐 걱정이 한가득이었다.

"요즘 잠들기가 어려워요."

"왜 잠들기 어려운지 말해줄 수 있어요?"

"자려고 누우면 여러 가지 생각이 많이 들어요. 좀 불안하기도 하고요."

"어떤 것이 불안해요?"

"한 달 뒤에 시험이 있는데 걱정돼요. 잘 봐야 하는데…….. 이번에는 꼭 다 맞아서 1등 해야 하거든요. 그래야 서울대 반에 들어갈 수 있어요."

"서울대 반에 못 들어가면 안 되는 이유라도 있나요?"

"서울대에 가야 하니까요."

"왜 서울대에 가야 해요?"

"당연히 가야 하는 거 아니에요? 저희 집은 물론이고 친척들도 다 서울대에 갔는데 저만 못 가면 얼마나 쪽팔리겠어요. 그리고 서울대 못 가면 못 먹고산다는데, 저는 그러기 싫어요."

이 학생의 문제는 수면장애가 아니다. 그가 가지고 있는 '엄격한 기준'이 문제다. 공자 왈 맹자 왈 하는 것처럼 들릴지 모르겠지만 서울대를 가지 않아도, 1등을 하지 않아도 다 먹고산다. 사실 세상에는 서울대를 나오지 않은 사람이 더 많지 않던가? 그러나 그에겐 그런 세상이 보이지 않는다. 서울대 입학에 실패하면 그의 세상은 무너질 것이다.

이를 인지 편향(cognitive bias)이라고 부른다. 인지 착각이라고도 하는데 잘못된 방향으로 편향해서 생각하는 인지 습관을 말한다. 우리 모두 이런 인지 습관을 가지고 있다. 의식하지 못할 뿐 누구에게나 자기만의 생각과 감정의 패턴이 뿌리 깊게 존재한다.

세상을 보는 나만의 안경, 스키마

인지행동치료의 핵심 용어이기도 한 스키마는 쉽게 말해 생각의 뿌리다. 사전에서 스키마를 찾아보면 정보를 통합하고 조직하는 인지적 개념이라고 나오는데 상황을 바라보는 기본적인 틀 혹은 자기만의 색안경이라고 여기면 이해가 쉬울 것이다. 세상이 수만 가지의 색으로 이뤄졌어도 빨간색 안경을 쓰고 보면 세상은 온통 빨간색이다. 다른 색은 배제된다.

스키마는 타고난 기질과 어렸을 때의 경험에 강한 영향을 받는다. 비슷한 상황이 거듭되고 자신의 기질에 따라 반응하고 받아들이는 경험을 반복하면 어떤 생각이나 믿음, 가치관이 자리 잡게 된다. 이를 세 가지 측면으로 나누어서 설명하면 다음과 같다.

- 나에 대한 생각: 나는 어떤 사람이고 어떠해야 한다
- 주변 사람들에 대한 생각: 내 지인들은 어떤 사람이고 어떠해야 한다
- 내 미래에 대한 생각: 내 미래는 어떠해야 한다

엄마가 아이를 애정으로 키우면 아이는 엄마를 '따뜻하고 좋은 사람'이라고 인지한다. 여기서부터 시작된다. 엄마에 대한 생각이 주변 사람들에 대한 생각으로 자리 잡고, 주변 사람들로부터 사랑받는 경험이 반복되면 그들에게 받은 좋은 감정과 생각이 '나에 대한 생각'으로 번져나간다. '주변 사람들이 나를 아껴주는 것을 보니 나는 사랑스러운 존재구나'라고 생각하며 자신에 대한 긍정적인 신념을 갖게 된다. 이는 '나는 사랑을 많이 받고 있고, 내 주변 사람들도 날 지지해주니 내 미래도 행복할 거야'라는 '미래에 대한 생각'으로 이어진다. 이 과정은 무

의식중에 이루어지고, 스키마는 자연스럽게 내재화된다.

이 스키마가 한번 뿌리 내리면 의도하지 않아도 그 방향으로 생각이 퍼지기 때문에 많은 일에 영향을 끼친다. 자기계발서에서 물이 반쯤 찬 컵을 보며 "반밖에 안 남았네"가 아니라 "반이나 남았네"라고 생각하는 연습을 하라고 조언하지만 쉽게 되지 않는 것도 생각의 뿌리가 워낙 단단하게 퍼져 있는 탓이다.

자신을 괴롭히는 방향으로 생각의 뿌리가 자라나면 못난 모습에만 초점을 맞추게 된다. '나는 부족하다', '나는 무능하다'라는 생각의 뿌리를 가진 사람에게 단점을 이야기해달라고 하면 매주 한 시간씩 두 달 넘게 이야기를 풀어놓는다. 자신의 보잘것없는 모습, 어이없는 실수, 타인과의 비교 등 소재는 무궁무진하다. 그런데 반대로 장점을 이야기해달라고 하면 말문이 막히고 '모르겠다' 혹은 '없는 것 같다'라는 말만 반복한다. 한 시간도 제대로 이야기하지 못한다.

치료자인 내가 보기에 그 사람이 가진 유능한 점, 잘하는 일, 좋은 모습이 그가 말한 단점만큼이나 차고 넘치지만 스스로는 절대 발견하지 못한다.

어릴 때는 타인에 대한 개념이 중요하고, 타인에 대한 인식이 나와 미래에까지 영향을 미친다. 그러나 성인이 되어서는 순서가 달라진다. 나에 대한 인식이 좋아지면 타인을 바라보는 시선도 부드러워지고 실제 관계의 문제도 해결된다. 미래도 더는 부정적으로만 인식하지 않게 된다.

종종 마음을 다뤄봤자 어차피 사는 것은 그대로인데 그게 다 무슨 의미가 있냐고 말하는 분들이 있다. 그러나 이 말은 틀렸다. 수많은 임상 경험을 통해 내가 확인한 결과 마음을 제대로 다루면 생각도 태도도 바뀐다. 그래서 자신의 마음을 살펴보고 나에 대한 개념을 바로잡는 일이 중요하다.

생각도 바꿀 수 있다

스키마를 절대 바꿀 수 없는 것은 아니다. 많은 이들이 긍정적, 부정적 같은 성격 구조를 '불변의 존재'라고 생각하는데 사실은 그렇지 않다. 핵심적인 기질은 바꾸지 못하더라도 상황을 인식하고 어떻게 해석할지는 바꿔나갈 수 있다.

기존에 가지고 있던 틀 안으로 새로운 경험이나 지식이 유입될 경우 기존의 틀과 새 정보가 합작하여 스키마의 구조 변화를 일으킨다. 기존 생각을 흔들고, 반기를 들게 만드는 경험을 하면 할수록 생각의 뿌리는 약해진다. 물을 주지 않음으로써 부정적인 생각의 뿌리는 죽이고, 스스로에게 상처를 내지 않는 방향으로 새로운 뿌리를 내릴 수 있다는 말이다.

$$\text{스키마} = \text{기존의 인지적 틀} + \frac{\text{새로운 경험, 지식, 감정}}{a}$$

$a =$ 미래의 상황, 감정, 생각에 유의미한 변화를 이끄는 요소

물론 어렸을 때의 기억은 쉽게 지워지지 않는다. 떠오르지 않더라도 몸에 배어 있다. 그러나 이 일은 어린 시절의 일일 뿐이다. 우리가 여전히 누구의 도움 없이는 밥을 먹을 수 없고, 혼자서는 걸을 수도 없는 어린 아기는 아니지 않은가? 굳이 간직할 필요가 없는 짐을 어깨에 메고 다니진 말자.

미래에 경험하게 될 일이나 상황, 지식은 우리의 통제를 벗어난 영역이고 우리가 바꿀 수 있는 것은 이미 가지고 있는 스키마, 생각의 뿌리다. 이것만 정확히 알아도 의미 있는 변화가 가능하다. 나를 괴롭히는 생각을 만들어내는 생각의 뿌리를 바꾸기 위해서 먼저 내가 어떤 생각의 뿌리를 가지고 있는지 알아보자.

마음의 덫,
생각의 뿌리

✦

부정적인 스키마는 핵심적 정서 욕구의 좌절, 생애 초기 경험, 정서적 기질이라는 세 가지 요인에 따라 형성된다. 가장 기본적이고 핵심적인 정서들이 충족되지 않으면 자기패배적인 생각이 패턴으로 굳어진다.

프로이트의 사랑하는 능력, 존 볼비의 애착 이론, 매슬로의 욕구 이론, 에릭슨의 심리 사회적 발단 단계 등 인간의 마음을 다루는 여러 이론을 살펴보면 인간의 기본적인 욕구는 다음과 같다. 이 같은 핵심적 정서 욕구가 좌절되면 부정적인 스키마, 즉 마음의 덫이 형성된다.

- 타인과의 안정 애착

- 자율성, 유능감, 정체감

- 타당한 욕구와 감정을 표현할 자유

- 자발성과 유희

- 현실적 한계 및 자기통제

두 번째로 생애 초기에 부정적인 경험을 했을 경우다. 부정적인 경험은 아래와 같이 네 가지 유형으로 구분할 수 있다.

- 욕구가 심하게 좌절되는 경우

- 외상과 고통을 경험하는 경우

- 욕구가 지나치게 충족되는 경우

- 중요한 타인을 선택적으로 내면화하거나 동일시하는 경우

욕구가 심하게 좌절된 경우는 부모가 양육이나 돌봄에 실패했을 때 발생하는데 이는 정서적 결핍으로 연결될 수 있다. 믿을 만한 사람에게서 외상과 고통을 경험했을 경우에는 불신과 결함 또는 수치심이, 항상 하고 싶은 대로 할 수 있는 상황에서 욕구가 지나치게 충족된 경우에는 의존성과 무능감 또는 특권

의식이 자리 잡을 가능성이 높다. 마지막의 경우는 너무 뛰어난 주변 사람을 자신과 동일시하여 엄격한 기준에 사로잡히는 것으로 나타날 수 있다. 같은 상황이라도 모든 사람이 똑같이 반응하지 않는다. 세 번째 요인인 정서적 기질이 다르기 때문이다. 태어나기를 민감한 사람이 있고, 둔감한 사람이 있는 것처럼 같은 부모 밑에서 태어났더라도 사람마다 정서적 기질이 달라 그에 따른 스키마도 다르게 형성된다.

의식적으로든 무의식적으로든 현대인은 쉴 틈 없이 생각한다. 누구와 만날 때는 물론이고, 이동 중에도 산책할 때도 생각을 멈추지 않는다. 물론 생각을 많이 하는 것 자체가 문제는 아니다. 뇌라는 기관이 자동적으로 생각을 만들어내는 기관이기 때문이다. 그러나 대부분의 생각이 부정적으로 흐른다면 생각의 뿌리를 점검해볼 필요가 있다.

다음에 생각의 뿌리를 알 수 있는 검사지를 준비했다. 이를 통해 나를 괴롭히는 생각이 어디에서 나오는지 살펴보자.

STEP1. 나를 넘어트리는 스키마 찾기

다음 검사지를 보고 자신의 상태와 일치하는 항목을 체크해보자. 본래는 다른 검사 내용과 합산하여 내담자의 상태를 입체적으로 점검하지만, 이 책에서는 스키마의 개념과 기능을 파악하는 데 목적을 두려 한다.

아래 문항은 사람들이 자신을 묘사할 때 사용하는 문장이다. 각 문장을 읽고 그 문장이 최근 2년 동안의 자신과 얼마나 일치하는지 판단하면 된다. 점검 내용을 읽다가 확신이 서지 않으면 옳은 답보다 감정적으로 그렇다고 느껴지는 바를 선택해 나가자. 1부터 6까지의 점수 중 자신을 정확히 묘사한 점수에 표기하면 된다. 만약 두 점수 중 선택이 고민되면 높은 점수를 선택하라. 몇 문항은 부모와의 관계에 대한 것으로, 부모님 중 돌아가신 분이 있다면 살아계실 때의 관계가 어떠했는지를 기준으로 답하면 된다.

성격 구조 검사지

	점검 내용	완전 다름	대부분 다름	다소 일치	상당히 일치	대부분 일치	완전 일치
1	나를 따뜻하게 대해주고, 감싸주고, 애정을 보여주는 사람이 없었다.	1	2	3	4	5	6

2	나와 가까운 사람들이 나를 떠날까 두려워 그들에게 매달리게 된다.	1	2	3	4	5	6
3	나는 다른 사람들의 동기가 매우 의심스럽다.	1	2	3	4	5	6
4	나는 어디에도 소속감을 가질 수 없다. 나는 외톨이다.	1	2	3	4	5	6
5	나는 사랑스럽지 못한 존재다.	1	2	3	4	5	6
6	직장에서 나는 다른 사람들만큼 재능이 있는 것 같지 않다.	1	2	3	4	5	6
7	내게는 일상생활을 스스로 헤쳐 나갈 능력이 없는 것 같다.	1	2	3	4	5	6
8	나에게 뭔가 나쁜 일(갑작스러운 질병, 사고 등)이 일어날 것만 같은 느낌을 떨쳐버릴 수가 없다.	1	2	3	4	5	6
9	나는 마치 아버지(어머니)가 나를 통해서 인생을 사는 것 같은 느낌이 종종 들곤 한다. 나만의 인생이란 없는 것 같다.	1	2	3	4	5	6
10	항상 남들이 나 대신 선택하게 하기 때문에, 내가 무엇을 원하는지 정말 모르겠다.	1	2	3	4	5	6
11	내가 좋아하는 사람들을 위해 일하느라 너무 바빠서 나 자신을 위한 시간이 거의 없다.	1	2	3	4	5	6
12	다른 사람들에게 많은 관심을 받지 못하면 내가 덜 중요한 사람처럼 느껴진다.	1	2	3	4	5	6
13	다정하고 자연스러워지기가 힘들다.	1	2	3	4	5	6

14	나는 무언가를 이루고 완수해야 한다는 지속적인 압력을 느낀다.	1	2	3	4	5	6
15	내가 열심히 일해도 경제적으로 파산하게 될까 봐 걱정된다.	1	2	3	4	5	6
16	내가 실수를 한다면 용서란 없다.	1	2	3	4	5	6
17	내가 다른 사람들에게 뭔가 원하는 것이 있을 때, 그들에게 거절당하는 것을 용납하기가 매우 힘들다.	1	2	3	4	5	6
18	나는 자제력을 발휘해 일상적이거나 지루한 일을 끝마칠 수 없다.	1	2	3	4	5	6
19	진정으로 나에게 귀를 기울이거나, 나를 이해해주거나, 내 진정한 욕구와 감정에 공감해주는 사람이 없다.	1	2	3	4	5	6
20	내가 가깝다고 느끼는 사람들이 나를 떠나거나 버릴 것 같아서 걱정된다.	1	2	3	4	5	6
21	나는 보통 상대방이 다른 속셈을 갖고 있는 건 아닌지 경계한다.	1	2	3	4	5	6
22	나는 다른 사람들에게 소외감을 느낀다.	1	2	3	4	5	6
23	나는 근본적으로 받아들여질 수 없는 존재이기 때문에 남들에게 나 자신을 솔직하게 드러내지 못한다.	1	2	3	4	5	6
24	직장(학교)에서 나는 대부분의 사람들만큼 똑똑하지 못하다.	1	2	3	4	5	6
25	나는 매일 부딪히는 일상적인 문제들을 스스로 해결할 자신이 없다.	1	2	3	4	5	6

26	나는 세상의 나쁜 일(범죄, 공해 등)에 대해서 염려를 많이 한다.	1	2	3	4	5	6
27	나는 종종 아버지(어머니)나 배우자로부터 독립된 나만의 정체성이 없다는 느낌이 든다.	1	2	3	4	5	6
28	남들에게 내 권리를 존중하고 내 감정을 고려해 달라고 요구하기가 매우 어렵다.	1	2	3	4	5	6
29	사람들은 내가 남에게는 너무 많은 것을 해주지만, 정작 나 자신을 위해서는 별로 하는 게 없다고 생각한다.	1	2	3	4	5	6
30	내게 업적이란 다른 사람들이 주목해줄 때 가장 가치 있다.	1	2	3	4	5	6
31	사람들은 내가 감정적으로 경직돼 있다고 생각한다.	1	2	3	4	5	6
32	내 실수에 대해 나 자신을 쉽게 용서하거나 변명할 수 없다.	1	2	3	4	5	6
33	내 잘못된 선택 때문에 재난이 닥치게 될까 봐 걱정된다.	1	2	3	4	5	6
34	내가 왜 실수를 했는지는 중요하지 않다. 내가 잘못을 하면 대가를 치러야 한다.	1	2	3	4	5	6
35	나는 특별하기 때문에 보통 사람들이 받는 대부분의 제한을 받을 필요가 없다.	1	2	3	4	5	6
36	장기적인 목표를 이루기 위해서 즉각적인 만족을 포기하는 것이 매우 힘들다.	1	2	3	4	5	6

이 검사지에서 '상당히 일치' 이상을 선택한 항목이 여러분

을 넘어트리는 스키마 항목이다. 무력감이나 우울감 등 평상시에 마음에 들지 않는 자신의 모습이 여기에서 발생했을 가능성이 크다.

STEP 2. 상위 스키마 도메인과 하위 스키마 찾기

앞에서 말한 대로 스키마는 핵심적 정서 욕구, 생애 초기 경험, 정서적 기질에 따라 다른 모습으로 형성된다. 스키마는 크게 다섯 가지 유형으로 분류할 수 있는데 단절 및 거절, 손상된 자율성 및 수행, 타인중심성, 과잉 억제, 손상된 한계가 바로 그것이다.

다음에서 검사지의 내용이 각각 어떤 스키마를 표현한 것인지 이해하기 쉽게 표로 정리했다. 이를 통해 자신이 어떤 스키마의 영향을 받는지 확인할 수 있다. 각각의 표는 상위 스키마에 따라 구분했고, 표 안에 각 문항에 해당하는 하위 스키마를 표기해두었다.

'단절 및 거절'이 상위 스키마라면, '정서적 결핍'이나 '유기 불안정', '불신 및 학대' 등은 이에 대한 하위 스키마다. 예를 들어 갑자기 숨이 가빠져 병원을 찾았는데 심장 중에서도 판막이 안 좋다는 진단을 받았다고 해보자. 여기서 심장은 상위 스키마로, 판막은 하위 스키마로 비유된다.

상담할 때는 상위 스키마보다 하위 스키마에 집중하는데, 하위 스키마를 찾으면 경험을 조금 더 구체화할 수 있기 때문이다. 구체적이고 명확한 상황만이 우리를 바꿀 수 있다. 추상적이고 모호한 상황에서는 변화가 일어나지 않는다.

먼저 단절 및 거절부터 하나씩 살펴보자. 단절 및 거절은 애착 욕구가 좌절될 경우 형성되는데 과거에 중요한 사람들로부터 방치당하거나 공감받지 못하고 학대를 당한 경험이 있을 가능성이 높다. 이 때문에 현재 새로 만난 사람들도 그러하리라 생각한다. '저 사람은 나를 이용할 것이다', '저 사람은 나의 부족한 점을 발견하고 나를 떠날지도 모른다'라는 생각에 관계를 맺지 않으려는 경향이 있다.

상위 스키마 〈단절 및 거절〉

점검 내용	하위 스키마
1. 나를 따뜻하게 대해주고, 감싸주고, 애정을 보여주는 사람이 없었다.	정서적 결핍
2. 나와 가까운 사람들이 나를 떠날까 두려워 그들에게 매달리게 된다.	유기 불안정
3. 나는 다른 사람들의 동기가 매우 의심스럽다.	불신/학대
4. 나는 어디에도 소속감을 가질 수 없다. 나는 외톨이다.	사회적 고립/ 소외
5. 나는 사랑스럽지 못한 존재다.	결함/수치심
19. 진정으로 나에게 귀를 기울이거나, 나를 이해해주거나, 내 진정한 욕구와 감정에 공감해주는 사람이 없다.	정서적 결핍
20. 내가 가깝다고 느끼는 사람들이 나를 떠나거나 버릴 것 같아서 걱정된다.	유기 불안정
21. 나는 보통 상대방이 다른 속셈을 갖고 있는 건 아닌지 경계한다.	불신/학대
22. 나는 다른 사람들에게 소외감을 느낀다.	사회적 고립/ 소외
23. 나는 근본적으로 받아들여질 수 없는 존재이기 때문에 남들에게 나 자신을 솔직하게 드러내지 못한다.	결함/수치심

손상된 자율성은 양육자와의 관계가 지나치게 밀착되었을 때 형성될 수 있는데 타인과 분리되거나 독립적인 기능을 할 수 있다고 생각하기 어렵다. 단절 및 거절의 핵심이 타인이라

면 손상된 자율성의 핵심은 자신이다. '나는 무능하다', '나는 실패할 거야'라는 비관적인 기대가 강하고 정체감이 만들어지지 않아 내가 원하는 삶의 모습이 분명하지 않다.

상위 스키마 〈손상된 자율성〉

점검 내용	하위 스키마
6. 직장에서 나는 다른 사람들만큼 재능이 있는 것 같지 않다.	실패
7. 내게는 일상생활을 스스로 헤쳐 나갈 능력이 없는 것 같다.	의존/무능
8. 나에게 뭔가 나쁜 일(갑작스러운 질병, 사고 등)이 일어날 것만 같은 느낌을 떨쳐버릴 수가 없다.	취약성
9. 나는 마치 아버지(어머니)가 나를 통해서 인생을 사는 것 같은 느낌이 종종 들곤 한다. 나만의 인생이란 없는 것 같다.	융합/ 미발달된 자기
24. 직장(학교)에서 나는 대부분의 사람들만큼 똑똑하지 못하다.	실패
25. 나는 매일 부딪히는 일상적인 문제들을 스스로 해결할 자신이 없다.	의존/무능
26. 나는 세상의 나쁜 일(범죄, 공해 등)에 대해서 염려를 많이 한다.	취약성
27. 나는 종종 아버지(어머니)나 배우자로부터 독립된 나만의 정체성이 없다는 느낌이 든다.	융합/ 미발달된 자기

타인중심성은 타인에게 사랑받기 위해, 연결되어 있는 느낌

을 유지하기 위해, 버림받지 않기 위해, 보복을 당하지 않기 위해 자신에게 소중한 것을 기꺼이 포기하는 태도로 자기 삶의 통제권을 타인의 손에 쥐여주는 식이다. '네가 1등을 하면 엄마가 기쁠 거야', '네가 좋은 회사에 들어가야 아빠가 안 부끄러워' 같은 조건적인 수용을 제공하는 환경에서 자랐을 가능성이 높다.

상위 스키마 〈타인중심성〉

점검 내용	하위 스키마
10. 항상 남들이 나 대신 선택하게 하기 때문에, 내가 무엇을 원하는지 정말 모르겠다.	복종
11. 내가 좋아하는 사람들을 위해 일하느라 너무 바빠서 나 자신을 위한 시간이 거의 없다.	자기 희생
12. 다른 사람들에게 많은 관심을 받지 못하면 내가 덜 중요한 사람처럼 느껴진다.	승인 추구/인정 추구
28. 남들에게 내 권리를 존중하고 내 감정을 고려해달라고 요구하기가 매우 어렵다.	복종
29. 사람들은 내가 남에게는 많은 것을 해주지만, 정작 나 자신을 위해서는 별로 하는 게 없다고 생각한다.	자기 희생
30. 내게 업적이란 다른 사람들이 주목해줄 때 가장 가치 있다.	승인 추구/인정 추구

과잉 억제는 융통성 없이 경직된 규칙만을 강조한다. 자연스

러운 감정이나 충동은 철저히 억제하며 내면화된 규칙이나 기
대를 충족시키는 것을 가장 중요하게 여긴다.

상위 스키마 〈과잉 억제〉

점검 내용	하위 스키마
13. 다정하고 자연스러워지기가 힘들다.	정서적 억제
14. 나는 무언가를 이루고 완수해야 한다는 지속적인 압력을 느낀다.	엄격한 기준/ 과잉 비판
15. 내가 아무리 열심히 일해도 경제적으로 파산하게 될까 봐 걱정된 다.	부정성/ 비관주의
16. 내가 실수를 한다면 용서란 없다.	처벌
31. 사람들은 내가 감정적으로 경직돼 있다고 생각한다.	정서적 억제
32. 내 실수에 대해 나 자신을 쉽게 용서하거나 변명할 수 없다.	엄격한 기준/ 과잉 비판
33. 내 잘못된 선택 때문에 재난이 닥치게 될까 봐 걱정된다.	부정성/ 비관주의
34. 내가 왜 실수를 했는지는 중요하지 않다. 내가 잘못을 하면 대가를 치러야 한다.	처벌

　손상된 한계는 타인중심성과 정반대로 지나치게 욕구를 충
족시켜주거나 방임을 해 자기통제 훈련이 부족한 경우 형성되

는데 다른 사람에 대한 책임감을 느끼지 못하고 특권의식과 과대성이 발현된다. 타인과의 관계가 서로 주고받는 상호적인 관계라는 것을 깨닫지 못한다.

상위 스키마 〈손상된 한계〉

점검 내용	하위 스키마
17. 내가 다른 사람들에게 뭔가 원하는 것이 있을 때, 그들에게 거절당하는 것을 용납하기가 매우 힘들다.	특권의식/과대성
18. 나는 자제력을 발휘해 일상적이거나 지루한 일을 끝마칠 수 없다.	부족한 자기통제/훈련
35. 나는 특별하기 때문에 보통 사람들이 받는 대부분의 제한을 받을 필요가 없다.	특권의식/과대성
36. 장기적인 목표를 이루기 위해서 즉각적인 만족을 포기하는 것이 매우 힘들다.	부족한 자기통제/훈련

우리가 가지고 있는 믿음의 가장 밑바닥에는 위와 같은 스키마가 자리 잡고 있을 수 있다. 이런 스키마는 단정적이고 무조건적이다. '나는 쓸모없는 사람이야', '나는 부족해', '나는 무능해'라는 생각이 자동회로를 타고 즉각적으로 연상된다. 이 스키마가 교묘하게 우리 삶을 변화시킬 수 있는 이유는 각각의 스키마가 독립적으로 존재하는 것이 아니라 여러 개가 혼재되

어 있어 다양한 모습으로 작동하기 때문이다. A라는 스키마로 인한 성격적 결함, 생각의 구조를 보완하기 위해서 B라는 스키마가 발달하는 식이다.

예를 들어 '나는 무능해'라는 생각을 가진 사람은 '나는 무능하기 때문에 나를 사랑할 사람은 없을 거야'라는 또 다른 스키마를 만들어내 의기소침하고 무기력한 모습을 보일 수도 있고, '만약 내가 열심히 한다면 성공할 수 있어'라는 조건적인 스키마를 만들어서 일하지 않고 가만히 있으면 불안해하는 모습을 보일 수 있다. 가장 핵심적인 스키마에 어떻게 대처하느냐에 따라 발현되는 모습이 달라진다.

STEP 3. 스키마 대처 방식 확인하기

인간은 위협에 대해 얼음, 도피, 투쟁 세 가지 기본 반응을 보이는데 스키마에 대한 반응은 정도가 심하게 나타난다. 이 세 가지 유형이 심화된 반응이 굴복(얼어붙기), 회피(도망치기), 과잉 보상(맞서기)이다. 스키마에 대한 반응도 이 세 가지 유형으로 설명할 수 있다. 물론 상황에 따라 세부적인 방식은 달라지지만 전형적인 양상은 존재한다.

'나는 모든 게 다 결함투성이다'라는 믿음을 가진 세 사람이 있다. 스키마에 굴복한 사람은 자신에게 비판적인 연인이나 친구를 만든다. 결함이 틀림없는 사실이라고 믿기 때문에 결함을 들춰내는 사람을 만나 자신을 학대하는 상태를 선택한다.

회피하려는 사람은 스키마가 활성화되지 않도록 자극을 차단해버린다. 결함이 탄로 나지 않도록 아예 누구와도 가까워지지 않으려 한다.

스키마에 맞서려는 사람은 스키마를 부정하고 오히려 스키마의 정반대가 진실인 것처럼 생각하고 행동한다. 마치 자신에게는 아무런 결함이 없는 것처럼 행동하고 오히려 타인에게 비판적이고 우월하게 행동하는 것으로 과잉 보상하려 한다.

어느 쪽이든 스키마를 강화하는 방식일 뿐, 스키마로부터 자유로워지는 방법은 아니다. 이 스키마가 고통을 유발하더라도 이미 익숙해져 있기 때문에 이를 당연한 것으로 여기고, 스키마를 자극하는 사건에 더욱 쉽게 끌리기 마련이다.

지금까지 자신의 스키마를 점검하는 방법에 대해 알아보았다. 개인에 따라 정도의 차이만 있을 뿐 이 중 한두 가지는 누구나 가지고 있다. 그러니 검사를 통해 자신의 스키마를 발견했더라도 너무 당황하지 말자. 우리는 더 행복해지기 위해서 스키마를 찾은 것이지, 문제를 지적하고 비난하려 스키마를 찾은 것이 아니다. 스키마를 발견하고 '내가 이럴 줄 알았어', '내가 이렇지, 뭐'라고 자책하는 대신 '내가 평소 이런 스키마에 자주 걸려 넘어지는구나' 정도로 받아들였으면 좋겠다.

정신의학에서는 '자기 인식'을 중요하게 생각한다. 앞에서 말한 것처럼 사람들은 누구나 마음의 덫을 가지고 있다. 같은 크기의 덫이라도 누군가에게는 큰 방해가 되지 않지만, 누군가에게는 매번 걸려 넘어지는 큰 걸림돌이 된다. 중요한 일이나 관계를 떠올렸을 때 그 덫에 자주 걸려 넘어졌다면, 그리고 스스로 느끼기에 이 스키마 때문에 불편하다면 노력해서 바꾸면 그만이다. 반대로 걸림돌로 여겨지지 않는다면 굳이 바꾸지 않아도 된다.

이제 내담자들이 가장 흔히 어려움을 겪는 '나는 사랑받을 수 없어', '나는 아직도 부족해', '나는 특별해'라는 생각의 뿌리에 대해 구체적으로 다루어보겠다. 가장 흔한 생각의 뿌리이니 독자분들도 한 번씩 점검해보면 도움이 될 것이다.

나는 사랑받을 수 없어

: 정서적 박탈감

✦

　외로움과 공허감 때문에 내원한 수정 씨. 그는 짧은 연애를 반복하다가 처음으로 오래 사귄 남자 친구와 헤어지고 심한 우울감으로 고생했다. 그때 한 친구가 실연 후 힘들어하는 수정 씨와 자주 시간을 보내주었는데 수정 씨는 이 친구에게 의지하며 이별의 아픔을 극복해내고 있었다. 그런데 최근 이 친구와의 관계에 문제가 생겼다. 수정 씨는 친구에게 느꼈던 박탈감을 털어났다.

　"저는 그 친구의 생일이 다가오면 미리부터 준비해요. 생일에 뭘 하면 좋을지, 어디서 어떻게 시간을 보내면 즐거울지 고민하고 생일 선물도 의미를 담아서 마련해요. 그런데 돌이켜보면, 제 생일에 친구는 그러지 않았어요. 항상 바빴다는 이야기만 하면서 별생각 없이 고른 선물을 주고, 대충 고른 밥집에서 식사를 해요"

"수정 씨가 이런 감정을 느끼고 있다는 걸, 그 친구에게 이야기해본 적 있나요?"

"저는 언제나 이야기를 들어주는 편이에요. 그 친구뿐만 아니라 다른 친구들에게도요. 친구들이 힘든 이야기를 하면 최선을 다해 도와주려 하지만, 제가 느끼는 어려움에 대해서 털어놓은 적은 없어요. 이야기를 들어줄 때가 그나마 마음이 편해요. 오히려 제가 이야기를 하려고 하면 무슨 말을 해야 할지, 어떻게 말해야 할지 모르겠어요. 뭔지 모를 불편함이 올라와요."

사랑받을 자격을 의심하는 사람들

'나는 사랑받을 수 없어'라는 생각의 뿌리는 외로움, 공허감, 무언가 빠진 듯한 느낌으로 설명할 수 있다. 이 생각의 뿌리를 가진 사람에게 자신이 느끼는 감정에 대해 표현해보라고 하면 수정 씨처럼 말로 표현하기 힘들어하는 경우가 많다. 언어 기

164

능이 발달하기 전에 있었던 경험들이 이 같은 생각의 뿌리를 만들기 때문이다. 타인과 안정적인 애착 관계를 형성한 경험이 적으면 '누가 나를 사랑해주겠어'라는 생각에 빠지기 쉽다.

이런 감정은 누구도 내 말에 귀 기울여주지 않고, 누구도 내 마음을 이해해주지 않고, 그 누구도 나를 충족시켜주지 못하며 영원히 혼자일 거라는 생각에서 비롯한 것일 수 있다. 당연히 삶은 너무나 외롭고 공허하고 무기력할 뿐이다. 아무리 성공하고 많이 가져도 이러한 생각을 지우기 힘들다.

다시 수정 씨의 사례로 돌아가보자. 수정 씨도 '나는 사랑받을 수 없어'라는 생각의 뿌리를 가진 사람으로 항상 외로움을 느낀다. 그런데도 자신의 감정이나 생각을 친구에게 이야기하지 않고, 상대가 나를 이해해주지 않는다고 실망해버리고 만다. 말하지 않는 내 마음을 상대가 어떻게 알겠는가? 이는 원하는 것을 요구하지도 않으면서 욕구가 자동적으로 충족되기를 기대하는 것과 다름없다.

이 생각의 뿌리가 약한 사람은 주로 연인과의 관계에서 이런 태도가 나타나고, 뿌리가 강한 사람은 연인뿐 아니라 주위 모든 사람에게로 확장되는 경향이 있다. 또한 상황과 스트레스 정도에 따라서도 상태가 달라지는데, 수정 씨처럼 남자 친구와 헤어진 뒤에 친구 관계나 주위 사람에게까지 확장되는 경우도 있다.

외로운 관계를 반복하지 않는 법

영화 〈월플라워〉는 소위 아웃사이더라고 불리는, 친구들과 잘 어울리지 못하고 자신만의 세계에 갇혀 있는 청춘의 성장담을 그린 영화다. 주인공 찰리는 모범생이지만 어렸을 때 생긴 트라우마로 사람과 관계를 맺는 일에 서툴러 고등학교에 진학한 후에도 친구를 사귀지 못하고 외톨이로 지낸다. 그러다 우연히 학교에서 괴짜 취급을 받는 샘과 패트릭 남매를 만나게 되고 그들과 어울리며 세상 밖으로 나가는 법을 배운다.

이 영화에서 인상적이었던 대사가 있는데, 바로 샘과 찰리가 나누는 대화다. 인기도 많고 충분히 매력적인 샘은 매번 못난 사람을 만나 사랑하고 상처받는다. 샘은 묻는다.

"왜 사람들은 자기를 함부로 대하는 사람을 사랑하게 되는 걸까?"

"사람은 자기가 생각한 만큼의 사랑만 받아들이거든."

정서적 박탈감이라는 생각의 뿌리를 가진 사람들은 특히 연인 관계에서 문제가 많이 발생한다. 고정된 생각의 뿌리가 비슷한 상대만을 연인으로 선택하게끔 만들어 실수가 반복될 수밖에 없는 상황을 만들기 때문이다. 이를 막기 위해 연인 관계를 시작할 때 나타나는 위험 신호들을 알아보자. 아래는 당신에게 정서적 박탈감을 안겨줄 사람들이 보내는 신호다.

◎ 데이트 초반에 나타나는 위험 신호들

- 항상 자기 이야기만 한다. (같이 있을 때를 떠올려보면 내 이야기를 한 적이 거의 없다. 이야기하더라도 상대는 대수롭지 않게 넘어가는 경우가 많다.)
- 연애를 시작하면 차갑고 무심한 면이 보이기 시작한다.
- 정작 필요한 경우에 도움을 주지 않는다.
- 생각해보면 단둘이 보내는 시간이 많지 않다.
- 사실은 나보다 내가 가진 무엇에 더 관심이 많은 것 같다.
- 상대가 주는 것보다 내가 주는 것이 더 많다. (상대는 처음에는 고마워하지만 이내 내가 주는 것이 당연한 일이 되고 만다.)

모든 스트레스에 대한 첫 번째 대처는 스트레스 상황을 피하는 것이다. 스트레스 상황을 완전히 벗어나기 힘들다면 최소한 하루 24시간, 일주일 내내, 한 달 내내 지속되는 것은 막아야 한다. 무거운 짐을 들어 올리는 것보다 더 힘든 건 그 짐을 어깨에 메고 하루 종일 버티는 일이다.

정서적 박탈감이라는 생각의 뿌리를 변화시키기 위해서도 마찬가지다. 일단은 이 생각의 뿌리를 자극하는 상황을 피해야 한다. 그래서 위험 신호에 주의가 필요하다. 연애를 시작하려는데 상대가 위험 신호를 보낸다면 관계를 진전시키지 말아야 한다.

두 번째, 잃어버린 정서적 안정감을 되찾기 위해서는 생존의 기본 욕구를 우선적으로 채우는 연습을 해야 한다. 사랑을 받으려고 자기 이야기조차 꺼내지 못하고 묵묵히 희생하며 혼자만 끙끙 앓는 태도로는 정서적 충만감을 절대 느낄 수 없다. 우선은 자기 자신을 위해야 한다. 자신의 가장 기본적인 욕구, 먹고, 자고, 쉬는 것부터 챙겨야 한다. 우리의 삶에서 가장 많은 부분을 차지하며 가장 많이 반복되는 이 행위들은 삶에서 가장 중요하기에 반복되는 것이다. 이런 욕구가 충족되어야 다음 단계의 욕구들을 느낄 수 있고 계속해서 만족감을 느끼다 보면 자연스럽게 삶의 공허감과 외로움은 사라진다.

누구나 사랑받고 사랑할 수 있다

정서적 박탈감은 안정적 애착 경험을 하지 못한 데서 비롯되었을 가능성이 높다. 이 때문에 안정적 애착 경험을 새롭게 하는 것도 좋은 해결책이 된다. 이런 경험이 바로 교정적 감정 경험이다. 교정적 감정 경험을 해줄 수 있는 사람, 정서적 결핍을 채워줄 대상이 주변에 한두 명만 있어도 우리는 안정감을 갖고 살아갈 수 있다.

사실 성인이 되어서는 치료자가 아닌 주변 사람과 이런 관계를 맺기가 쉽지 않다. 그래서 현대사회에서는 아무래도 정신과 의사들이 이 역할을 대신한다. 치료자로서 잘못된 생각의 뿌리를 형성하게 만든 관계에서 벗어나 새로운 생각의 뿌리를 내릴 수 있는 감정 경험을 제공하는 것이다.

이런 대상을 외부에서 찾기 싫다면, 내부에서 찾는 것도 방법이다. 바로 '관찰자 자아'이다. 사람과 동물의 차이점이기도 한데, 인간은 '나'라는 대상을 스스로 관찰할 수 있다. 무슨 말이냐 하면 명상을 할 때 눈을 감고 명상하는 내 모습을 지켜보는 관찰자를 만들어낼 수 있다는 뜻이다. 이 관찰자 자아가 겉으로 보이는 나를 관찰하는 데 그치지 않고, 내 마음을 볼 수 있다면 굳이 외부 대상이 필요하지 않다. '내 마음이 그렇게 괴로웠구나', '내가 이 상황에서 이렇게 반응했던 이유가 있었구나' 하고 이해해주는 것으로 내 마음속에 있는 어린아이를 안

아주고 보살펴줄 수 있다.

조금 어렵지만 관찰자 자아라는 솔루션을 제시하는 것은 교정적 감정 경험을 할 때 타인이 필수적인 조건은 아니라는 말을 하고 싶어서다. 주변 누구도 내게 이렇게 말해주지 않는다면 나라도 나에게 이런 말을 해줘야 한다. 이것만으로도 자기 존재의 안정성을 되찾고 '나는 사랑받을 수 없어'라는 생각의 뿌리를 키워나가지 않을 수 있다.

영국의 소설가 서머싯 몸은 "중요한 것은 사랑을 받는 것이 아니라 사랑을 하는 것이었다"라고 말했다. 어렸을 때 사랑을 받는 경험은 물론 중요하다. 하지만 언제까지 과거에 머무를 수는 없는 일이다. 과거의 경험은 절대 벗어날 수 없는 족쇄가 아니다. 그 누구도 나를 충분히 사랑해주지 않았다고, 나는 언제나 인기가 없는 사람이었다고, 아무도 내 이야기에 귀를 기울여주지 않고 이해해주지 않았다고 사랑을 거부하고만 살 수는 없다. 진부한 말이지만 사람만이 줄 수 있는 것들이 있다. 높은 성벽 안에 갇혀 소중한 사람들을 놓치며 살기엔 우리 자신이 너무나 아까운 존재다.

나는 아직도 부족해
: 엄격한 기준

✧

준태 씨는 잠에 쉽게 들지 못해 이따금 나를 찾아온다. 그는 자리에 앉으며 "잠이 안 올 때 한 번씩 먹을 수 있게 약 좀 지어주세요. A약, B약 2주 치 정도면 될 것 같아요"라고 말한다. 그러고는 날씨나 경제 등 일상적인 이야기만 하다가 약을 처방받고 가버린다. 다른 불편함은 없는지, 최근 스트레스를 받은 일은 없는지, 하는 일은 잘되어 가는지, 가족 관계는 어떤지 등 다른 질문들을 던져보아도 "다 괜찮다"라고만 답한다.

그렇게 몇 번을 방문한 그가 어느 날은 평소와 다르게 자기 이야기를 꺼냈다. "머리로만 생각하면 사원으로 입사해서 올라갈 수 있는 최고의 자리까지 올랐으니 이만하면 성공했다 생각할 수 있겠죠. 그런데 여전히 부족하다는 느낌이 듭니다." 그전까지는 그가 한 기업의 대표이사인 줄도 몰랐는데, 이날의 이야기로 처음 알게 되었다.

그는 이미 자신이 이룰 수 있는 일은 다 이루었다는 것을, 다른 CEO들과 다르게 입지도 탄탄해서 한두 해 정도 부진해도 자신을 대체할 수 있는 사람은 없다는 것을 알았다. 그런데도 여전히 그룹 회장에게 한마디 칭찬이라도 더 받고 싶어 했고, 타인의 인정이 있어야 잘하고 있는 듯한 느낌을 받았다. 근원을 알 수 없는 부족함 때문에 늘 불안했고, 더 많은 것을 원하며 스스로를 몰아붙이고 있었다.

당연히 부하 직원들을 봐도 마음에 드는 구석이 있을 리 없다. 회사에 충성을 맹세하고 밤낮없이 일했던 젊은 시절의 자신과 너무 달랐고, 심지어 부족해 보였다. 이런 생각이 들면 뭐라고 쓴소리할까 싶다가도 어차피 알아듣지도 못할 테고 꼰대라는 이야기만 들을 것 같아 말문을 닫기 일쑤였다.

다행히 이렇게 일하면서도 가정을 등한시하지는 않았다. 아무리 바쁘고 힘들어도 아내와 자식을 위한 시간은 꼭 마련해서 여느 자수성가형 기업가들과 달리 가족 관계도 좋은 편이었다.

한마디로 일과 가정을 다 잡은 슈퍼맨이었다.

사회적으로 성공하고, 돈도 잘 벌고, 아내와 사이좋고, 자식들도 공부를 잘하니 딱히 스트레스 받을 일이 없는 삶이라고 준태 씨는 생각했다. 다만 아직 부족한 것 같아서 스스로를 다그치고 코너로 몰아붙일 뿐이다. 잠에 들 수 있는 약만 있으면 이것도 어느 정도는 괜찮을 것만 같다.

아무리 성취해도 만족하지 못하는 사람들

준태 씨처럼 '나는 아직도 부족해'라는 생각을 가진 사람은 엄격한 기준이라는 생각의 뿌리를 가졌다. 다행히 준태 씨는 그러지 않았지만 엄격한 기준을 가진 이들 중 대부분은 배우자에게 비판적인 태도를 취하고 지나친 요구를 하며 자식에게는 자신의 모습과 기준을 그대로 따를 것을 강요한다. 그들의 배우자는 밑 빠진 독에 물을 붓는 것처럼 아무리 노력해도 만족시킬 수 없다며 체념하고, 자식들은 결국 그들을 따라 스스로를 압박하고 괴로워한다.

엄격한 기준은 자신에게도 끊임없이 불쾌한 감정을 만들어낸다. 주위에서 아무리 잘했다고 말해준들 스스로 만족하지 못하기 때문이다. 누군가 "어쩜 그렇게 잘할 수 있어요?"라고 극찬을 해줘야 잠시 '괜찮았나?' 생각하고 이내 다시 자신을 몰아붙인다. 그래서 최고가 되어도 항상 압박감을 느낀다. 너무 높은 기준을 세워놓고 끊임없이 좌절을 자초하는 것과 다름없는데 좌절이 반복되면 제대로 해내지 못하는 자신에게 화가 나고, 아직 충분하지 않다는 불안에 휩싸인다.

이들은 잠시도 쉴 수 없다. 모든 것을 성공적으로 해내지만 이들에게 성취는 당연한 일일 뿐이다. 긴장을 풀고 인생을 즐기는 일은 다른 사람의 이야기만 같다. 쉬어보려 노력해도 쉬고 있는 자신이 너무 한심하게 느껴지기 때문이다. 할 일은 너무 많은데 시간은 늘 부족하다.

엄격한 기준을 가진 이들은 항상 짧은 단위로 스케줄을 짠다. 30분 단위로 해야 할 일을 써놓고 자신을 압박하는 식인데, 처리한 일에는 만족감을 못 느끼고 다음번 과제를 제대로 해내야 한다는 생각에 사로잡혀 있다.

이들은 항상 해야 할 일이 쌓여 있는 삶의 무게와 무언가를 이루어내고 세상에 자신의 쓸모를 증명해야 하는 인생의 잔혹함, 그리고 자신이 보기에는 보잘것없는 성취의 공허함에 우울감을 느끼기도 한다. 결국 스스로도 의아해하면서 더 많은 일을 떠맡는다. 마치 이런 일들이 자신에게 진정한 만족을 가져다주리라고 믿으면서, 언젠가는 여유 있게 즐길 수 있는 날이 찾아올 것이라고 상상하면서 말이다.

시간에 억압당하는 사람, 시간으로부터 자유로운 사람

'나는 아직도 부족해'라는 생각에 괴로운 사람이라면 자신이 시간 사용에 민감하다는 것을 인지해야 한다. 스스로 부족하다는 생각에 사로잡혀 있으면 시간을 목표 달성의 도구로밖에 사용하지 못한다. 당시에는 잘하고 있다는 안정감을 얻겠지만 결국에는 허무함과 공허함과 마주하게 된다.

혹시 성취에 몰두하느라 사랑, 우정, 취미 등 삶에 활력을 주는 다른 일에는 무관심하지 않았는가? 성공과 지위를 최우선 가치로 두면 인간의 기본 욕구인 신체적, 정서적, 사회적 욕구는 등한시하여 자신의 가장 자연스러운 모습에서 점점 멀어지게 된다. 하루빨리 이를 바로잡지 않으면 먼 미래의 어느 날로 미뤄둔 편안하고 행복한 일상은 영영 오지 않을 것이다.

엄격한 기준에서 자유로워지려면 먼저 시간의 억압에서 벗어나야 한다. 다음 지침에 따라 시간표를 다시 세워보자.

'나는 부족해'라는 생각의 뿌리에서 벗어나는 법

1. 자신이 엄격한 기준을 적용하는 영역을 살펴본다.

   (주로 다음 영역에서 많이 나타난다. 정리, 청결 / 일, 돈, 지위, 명성 / 성적, 운동, 외모, 인기)

   _____

2. 해당 영역에서의 과제를 만족할 만한 수준으로 해내려면 얼마만큼의 시간이 필요한지 가늠해본다.

   _____

3. 위의 내용을 참고하여 시간표를 작성한다. 시간표에는 하루 동안 해야 할 일과 각 과제에 필요한 시간을 배정한다. 시간을 배정할 때 우선순위보다 그 일이 자신의 행복에 얼마나 중요한가를 고려하여 배분한다.

   (만약 자신이 무엇을 할 때 행복한지 모른다면 기본적인 삶의 욕구를 중심으로 계획을 세워보자. 우선 수면 시간 8시간, 식사 시간 3시간, 쉬는 시간 1시간, 운동 시간 1시간을 기본값으로 두고 나머지 계획들을 채운다.)

   _____

4. 배정된 시간이 지났을 때는 원하는 만큼 처리하지 못했더라도 일을 마친다.

   (만약 해야 할 일을 마무리하기에 시간이 부족하다면 그것은 어떤 이유에서든 당신이 너무 많은 일을 하고 있다는 뜻이다. 너무 많은 일을 하는 대부분의 사람이 엄격한 기준을 가지고 있다. 일 처리가 완벽하지 않아도 된다. '완벽함'은 모든 것을 희생시키면서까지 얻어야 할 절대 가치가 아니다.)

   _____

5. 기준을 30퍼센트 완화했을 때 어떤 일이 벌어질지 예상해본다.

   _____

6. 더욱 기본적인 욕구를 충족시키는 방향으로 일정과 행동을 변화시킨다.

   _____

학창 시절에 친구들 사이에서 좋다고 소문난 학원에 다닌 적이 있다. 수업에서 특별히 우수한 점을 찾지는 못했지만, 다른 친구들도 다니고 있고 설사 수업 시간에 딴짓을 하더라도 학원에 갔다 왔다는 사실이 불안감을 없애주었기에 학창 시절 내내 학원에 다녔다. 학원에 가지 않고 친구들과 모여 농구, 축구를 하거나 다른 경험을 하는 시간이 더 즐겁고 유익했지만 그럴 때는 마음 한구석이 늘 불편했다.

지금에서야 생각해보면 학원을 공부하러 다녔다기보다 불안감을 없애기 위해, 시간을 잘 사용하고 있다는 안정감을 얻기 위해 다녔던 것 같다. 오히려 학원비로 시간을 샀다고 봐도 무방하다. '무언가를 하고 있다'는 만족감을 아이러니하게 돈으로 사고 있었던 것이다. 운이 좋아 목표한 바를 이루면 이 시간이 조금이나마 의미를 가질 수 있지만, 목표를 이루지 못한다면 이 시간은 아무짝에도 쓸모가 없고 낭비한 시간이 되어버리고 만다. 시간을 선택한 삶이 아니라 시간에 선택당한 삶이기 때문이다.

시간에 선택당한 사람은 자신이 하는 모든 행동의 기준을 사회에서 인정하는 가치로 둔다. 자신이 무엇을 할 때 행복하고 즐거운지 알지 못하기에 타인의 인정, 우수한 성과, 높은 지위,

효율, 쓸모를 좇는다. 반면 시간을 선택하며 사는 사람들은 다르다. 그들의 삶은 어떻게 다를까? 여기에 대한 답을 뜻밖에도 내 아들에게서 찾았다.

집에서 10분 거리에 도서관이 있는데 책을 빌리러 갔다 오면 20분 정도 걸린다. 나는 혹시라도 시간을 낭비할까 봐 방문 전에 필요한 책이 있는지 확인을 하고 간다. 대개는 혼자서 다녀오지만 가끔 다섯 살짜리 아들과 동행한다. 아들은 도서관 가는 길에 핀 꽃, 깨진 벽돌, 거미줄에 걸린 잠자리에 한마디씩 참견을 하고 지나간다. 도서관에 가서도 자기가 봤던 책들이 다 잘 있는지 확인하고서야 필요한 책을 빌려온다. 이러다 보면 시간이 한 시간 반 정도 걸린다.

하루는 도서관 사서의 착오로 빌리기로 한 책을 빌리지 못하고 온 적이 있었다. 헛걸음했다는 생각에 짜증이 나 집에 도착해서도 유쾌하지 않았다. 한 시간 반이라는 긴 시간을 낭비한 것처럼 느껴졌다. 하지만 아들은 달랐다.

아들은 나의 손을 잡더니 "아빠 오늘 너무 재미있었어, 다음에도 또 가자"라고 말했다. 아들은 도서관에 가는 시간, 도서관에서 머무는 시간을 오롯이 즐긴 것이다. 반면, 나에게는 도서관에 가는 시간이 그저 책을 빌리러 가는 목표를 이루기 위한 시간이었다. 책을 빌려서 왔다는 만족감만 있을 뿐 오가며 과정을 즐기는 만족감은 없었다.

언제부터 결과를 내지 못한 시간이나 행동은 쓸모없는 것으로 간주하게 되었을까? 현재를 즐길 줄 알던 꼬마가 어른이 되면서 변해버린 것 같아 씁쓸하다. 행복해지기 위해서는 다시 이 길을 가야만 한다.

헤르만 헤세의 소설 『황야의 이리』에는 다음과 같은 구절이 나온다. "아주 단순한 천진함에 불과한 것이건, 그렇게 순간을 사는 법을 아는 사람, 그렇게 현재에 살며 상냥하고 주의 깊게 길가의 작은 꽃 하나하나를, 순간의 작은 유희적 가치 하나하나를 귀하게 여길 줄 아는 그런 사람에게 인생은 상처를 줄 수 없는 법이다."

완벽함, 질서, 성취, 또는 지위에 대한 열망은 조금 내려놓고 사랑하는 사람들과의 만족스러운 관계나 삶의 질에 대한 욕구를 선택하라. 우리의 시간은 스스로 선택한 다양한 경험들로 채워져야 하고, 이 과정에서 여러 감정을 맛보아야 한다.

나는 특별해

: 특권의식

＊

최근 통계청 조사 결과에 따르면 한국인이 가장 스트레스 받는 곳 1위가 직장이라고 한다. 직장 내 스트레스 유발자는 단연 상사, 윗사람이 압도적이다. 특히 꼰대 같은 상사 때문에 많은 직장인이 괴로움을 겪고 있는데, 그 유형도 "내가 해봐서 아는데"라는 말을 달고 사는 전지전능 스타일, "까라면 까"라며 상명하복을 강요하는 권위주의 스타일, 늘 자기 의견만 고집하는 답정너 스타일 등 다양하다.

한 취업 포털사이트에서 진행한 조사에서 직장인 중 88퍼센트가 꼰대 같은 상사 때문에 퇴사나 이직을 생각한 적이 있다고 답할 정도로 상사와의 트러블은 퇴사의 주요 이유다. 그러나 나는 상사와의 갈등으로 찾아오는 내담자들에게 모두 퇴사를 권하지는 않는다. 물론 회복될 여지가 전혀 없다면 당연히 퇴사를 권하나, 많은 경우 나를 힘들게 하는 상사에게도 분명 배울 점이 존재하기 때문이다.

어느 회사나 높고 중요한 위치에는 앞에서 다룬 엄격한 기준이라는 생각의 뿌리를 가진 사람들이 많이 올라가 있다. 그들은 완벽해지기 위해서 늘 노력하기 때문에 어느 분야에서든 최고 수준을 달성할 확률이 높다. 이런 생각을 가진 사람이 아니고서야 어떻게 최고가 되기 위해 그 많은 시간과 에너지를 쏟을 수 있겠는가? 그들이 아니면 누가 최고의 자리에 오르기 위해 인생의 다른 많은 부분을 기꺼이 희생하겠는가?

그들은 자신이 너무 열심히 살았기 때문에 타인도 그들만큼 열심히 하기를 바란다. 다른 사람도 자기처럼 하기를 요구해서 꼰대라고 손가락질 받기도 한다. 이들의 삶의 태도는 요즘 시대의 소확행 가치와 어울리지 않지만 더 높은 차원에서의 성과를 이루는 데는 도움이 된다. 무리가 되지 않는 선에서 배울 수 있다면 배우는 것도 나쁘지 않다. 이들을 꼰대 취급하며 피하기만 하면 자기 삶의 범위만 좁아질 뿐이다.

이용당하는 자 vs. 이용하려는 자

물론 반드시 피해야 할 상사도 있다. 바로 특권의식이라는 생각의 뿌리를 가진 상사다. 희한하게 이들도 엄격한 기준을 가진 사람 못지않게 높은 자리를 차지하고 있는 경우가 많다.

특권의식을 가진 사람은 엄격한 기준을 가진 사람과는 조금 다르다. 이들은 다른 사람을 이용하고 착취해서 높은 자리에 오른다. 그들의 마음속에는 '나는 특별해!'라는 문장이 항상 번쩍번쩍 빛나고 있다. 이 때문에 통상적으로 통용되는 관계의 선, 규칙을 곧잘 무시하며 자기 위주의 행동양식을 보인다. 자신과 타인을 구별하고, 자신을 타인 위에 올려두며, 자신은 목적이고 타인은 이용 수단이 되게끔 만든다. 그러다 보니 이들에게 이용당하다 지치고, 결국 버려져 상처를 입은 채로 나를 찾아오는 경우가 허다하다.

박사과정 중인 지희 씨도 지도교수 때문에 힘들다며 나를 찾아왔다. 지도교수가 너무 많은 일을 시키는데, 그 일이라는 것이 지희 씨가 해야 할 일과 아닌 일, 교수가 직접 해야 할 일 등이 구분되지 않은 채 그냥 쏟아져 내려왔다. 업무량이 너무 많다고 생각하면서도 지희 씨는 잠자는 시간을 줄이고, 주말에도 일하며 그 일들을 다 처리해냈다.

그런데도 교수는 더 많은 것을 요구했다. 자신의 동료뿐 아니라 선후배가 다 모인 자리에서 "지희야, 넌 그렇게 오래 있었는데 이것도 못 하니? 그것밖에 안 되는 거야?"라며 모욕을 주는 일이 다반사였다. 많은 사람 앞에서 창피를 당한 날은 오후 내내 심한 모멸감에 시달려야 했다. 그런데 그런 날에는 교수가 꼭 따로 불러내어 "잘했어. 잘했는데 더 잘할 수 있어서 그런 거야. 지금 약간 모자란 점만 채우면 좋은 결과가 있을 테니까 조금만 참자"라며 교묘한 언변으로 확실하지 않은 미끼들을 늘어놓았다.

더 이상은 못 버티겠다고 생각했지만 교수의 말에 또 흔들렸다. 그래서 참고 기다렸는데 교수는 자그마한 보상도 해주지 않았다. 결국 지희 씨가 약속한 보상에 대한 이야기를 꺼내자 교수는 마치 이런 파렴치한 인간이 있냐는 눈빛으로 지희 씨를 바라보았다.

도망치는 것만이 답이다

'나는 특별해'라는 생각의 뿌리를 가진 사람은 누군가와 관계를 맺을지 말지 결정할 때, 상대의 자원에 제일 먼저 관심을 둔다. '적어도 나와 만나려면 이 정도는 갖춰야 한다'는 인식이 깔려 있기 때문이다. 게다가 자신이 쉽게 휘두를 수 있는 유형을 기가 막히게 잘 골라낸다. 그러고는 정말 등골까지 빼먹는다. 그러다 더 이상 상대방의 자원이 자신에게 쓸모가 없다고 판단하면 상대와 관계 자체를 뒤흔든다.

아래는 특권의식을 가진 사람들에게 쉽게 희생양이 되는 사람들의 대표 성향이다. 스스로 얼마나 해당하는지 확인해보고, 만약 이런 성향을 가졌다면 항상 주의하기를 바란다.

◎ 쉽게 희생양이 되는 사람들의 대표 성향

- 배려와 양보를 잘한다. (배려와 양보를 넘어 희생까지 하는 사람은 더욱 조심해야 한다.)
- 평소 선택을 할 때 원하는 것보다는 해야 하는 것을 선택한다. ('나는 특별해'라는 생각의 뿌리를 가진 사람들은 '~을 해야만 해'라는 표현을 많이 사용하고, 상대의 죄책감과 수치심을 수시로 자극한다.)
- 인내심이 강하다. 타인의 무례함도 잘 참는다.
- 자신의 욕구와 감정 등 마음의 소리를 표현하는 것이 어렵다.
- 능력이 뛰어나며 좋은 사람이라는 이야기를 많이 듣는다. (능력이 없는 사람은 후보에도 오르지 못한다.)
- 다른 사람으로부터 부탁을 자주 받는다. 가끔은 조종당하는 느낌이 든다.
- 자기감이 부족하다.

자신을 알았다면 다음은 남을 알 차례다. 고생하고 나서 충분한 보상이 따른다면 할 만하다. 하지만 지시를 내리는 위치에 있는 사람들 중에는 충분한 보상을 주지 않는 사람들이 너무나 많다. 바로 '나는 특별해'라는 생각의 뿌리를 가지고 있는 사람들이다. 아래는 이들의 대표적인 특징이다.

◎ '나는 특별해'라는 생각의 뿌리를 가진 사람들의 특징

- 주위에 있는 사람들을 도구로 생각한다. 자신의 욕구를 충족시키기 위한 희생물로 보는 것이다.
- 끊임없이 요구한다.
- 상대가 요구에 반박할 수 없도록 마음을 어지럽히는 여러 기술을 사용한다. 창피를 주면서 수치심을 자극하거나, 꼬투리를 잡아 죄책감을 유발한다.
- 공감하지 못한다. (다른 사람에게 마음이 없다고 생각하기 때문이다. 이들에게 타인은 그저 도구에 불과하다.)
- 상대에게 바라는 것이 없다면 주는 것도 없다. (그래도 다 자신 덕분에 잘됐다고 이야기하고 다닌다.)
- 다른 사람에게 받는 것이 너무 많다. (실제로 자신이 한 일은 거의 없다. 다 받은 것이다.)
- 위와 같은 주고받는 일의 불균형으로 세상의 불평등을 야기한다.
- 규칙은 정하지만 자신은 지키지 않는다. (어쩌면 법도 지키지 않는다. 자신은 법 위에 있는 존재다.)
- 주는 기쁨이나 상호 보완적 관계 따위는 안중에도 없다. (이런 사람들을 위해 열심히 일해봤자 쓸모가 없어지면 버려질 뿐이다.)

이런 사람들을 만나면 어떻게 대처해야 좋을까? 가장 현명한 방법은 피하는 것이다. 그들은 바뀌지 않는다. 자기중심적이고 상대를 배려하지 않는 그들의 태도에 화가 나고 억울하겠지만 피할 수 있음에 감사하며 최대한 빨리 피하라. 그것이 우리 자신을 지키는 일이다.

만약 피할 수 없는 상황이라면 주눅 들지 말고 오히려 강하게 나가야 한다. 그들도 따뜻한 가슴을 가진 인간이라 여기고 대화해보려 시도하지 마라. 상대에게 지금 일이 얼마나 힘든지, 약속을 지키지 않는 태도와 사람들 앞에서 모욕을 준 행동때문에 얼마나 큰 상처를 입었는지 아무리 이야기해도 무의미하다. 그들은 공감할 수 없는 생명체이기 때문이다. 그들은 당신에게 마음이 있는지도 모른다.

사과를 받으려는 희망은 버리고 원하는 것을 요구해야 한다. 그리고 원하는 것을 주지 않을 때는 관계 정리를 선언하라. 상대에게 어떤 부분을 요구하는지, 얼마큼을 원하는지 잘 따져보고 분명하게 이야기하라. "교수님, 이번 프로젝트가 끝나면 다음에는 제 이름으로 프로젝트를 진행하겠습니다. 만약 불가능하다면 그때는 그만두겠습니다."

교수가 그만두라고 할까 봐 걱정할 필요는 없다. 그가 그만

두라고 한다면 당신은 이미 단물을 다 빨아먹어 쓸모가 없어
진 존재로 언제든 버려질 예정이었고, 교묘한 언변과 분명하지
않은 미끼들로 붙잡으려 한다면 아직 단물이 남았다는 뜻이다.
단물이 남아 있을 때만 그들과 협상할 수 있고 어느 정도 보상
을 받을 수 있다.

'나는 특별해'라는 생각의 뿌리를 가진 사람은 관계를 맺을 때, 상대의 자원에 제일 먼저 관심을 둔다. '적어도 나와 만나려면 이 정도는 갖춰야 한다'는 인식이 깔려 있기 때문이다. 그러고는 정말 등골까지 빼먹는다.

4장

내가 누구인지는 내가 결정합니다

나에 대한
감각 회복하기

＊

    몸의 경계는 뚜렷하다. 손으로 펜을 쥐고 있어도 펜과 손가락의 경계를 구분하는 일은 어렵지 않다. 반면 자아의 경계는 눈에 보이지 않는다. 자아 경계란 어디까지가 나이고, 어디서부터 타인인지 구분하는 마음의 선이라고 할 수 있는데 물리적 실체가 없다 보니 펜과 손가락처럼 명확하게 구분되지 않는다. 다른 사람의 고통이 내 고통처럼 느껴질 때도 있고, 아주 가까운 사람의 기쁨에도 아무런 감정 변화가 없을 때도 있다.

    어렸을 때는 누구나 자아 경계가 약하다. 신생아는 자신과 주변 사람, 세계를 분리해서 생각하지 않는데 팔을 뻗어 좌우로 흔들면 내가 팔을 움직이는 것이 아니라 세상이 왔다 갔다 한다고 받아들일 정도다. 성장하면서 타인의 존재를 인식하고, 그들과 내가 분리되어 있다는 사실을 경험하며 자아 경계를 만들어간다.

이 자아 경계를 잘 타고 넘나드는 것이 감정이다. 그래서 자아 경계가 무너져 있는 사람들은 이게 내 감정인지, 상대나 사회의 감정인지 구분하는 일을 어려워한다. 어떤 상황에서 별 감정이 없었을지라도 옆 사람이 불만을 토로하고 분노를 표현하면 마치 자신도 화가 난 것처럼 강렬한 감정을 느끼기 일쑤인데 그러다 보니 주변 분위기에 잘 휩쓸리게 된다. 물론 자아 경계가 견고한 사람에게도 감정은 잘 전이된다. 어떤 모임에서 한 명이 우울해하면 다른 사람에게도 감정이 퍼져 함께 가라앉는 경우처럼 말이다. 다만 자아 경계가 약한 사람의 경우에는 감정뿐만 아니라 생각, 판단, 욕구까지 쉽게 옮겨지는 경향이 있다.

자아 경계와 자기감

자아 경계는 곧 자기감으로 연결된다. 자아 경계가 약한 사람은 자기감이 희미하고, 자아 경계가 분명한 사람은 자기감이 뚜렷하다. 자기감이 뚜렷하고 건강한 사람은 자신이 원하는 삶을 쉽게 선택한다. 자아 경계가 강해 타인의 욕망을 자신의 욕망으로 오해하지 않기 때문이다. 굳이 무언가를 갖추지 않더라도 자유로운 삶에 만족하며 스스로 의미를 만들어낸다. 이런 사람과 함께 있으면 내가 가진 것에 대한 자긍심이 생겨난다. 좋은 감정을 느끼게 해주니 주변에는 늘 사람들로 북적인다.

이에 비해 자기감이 없는 사람은 주변 상황에 흔들리느라 바쁘다. 자아 경계가 약해 다른 사람들의 생각과 판단이 어떠한지 눈치를 보고, 자신의 욕망보다 타인의 욕망을 충족시키기 위해 노력한다. 이는 상황에 맞춰 유연하게 행동하는 것과는 차이가 있다. 유연함은 뿌리가 있는 상태에서 바람에 몸을 맡기고 움직이는 대나무와 같은 것인 반면 자기감 없이 흔들리는 경우는 그 어느 곳에도 뿌리내리지 못하고 굴러다니는 먼지와 같다. 껍데기가 그럴듯할지라도 그 안에 자기가 들어 있지 않다. 겉으로만 성공적인 삶으로 보일 뿐 본인은 허무함에 허덕인다.

자기감이 부재하면 어떤 일이 벌어질까. 상황에 따라 말과 행동이 달라져 신뢰할 수 없는 사람이 된다. 일관성을 잃어버림으로써 관계를 맺는 이들을 혼란에 빠트리는 것은 자기감이 없는 사람의 주요 특징이다. 과거에 했던 말이나 행동은 기억하지 못하고 기분 내키는 대로 혹은 상황과 때에 맞춰서 그때그때 말과 행동을 내놓는 것이다. 자기는 없고 시시각각 변하는 욕구만 있을 뿐이다.

주변 환경에 휘둘리는 사람일수록 자기감이 없는 경우가 많다. 커피를 좋아하는 친구와 있으면 커피가 제일 좋다고 말하고, 차를 좋아하는 친구와 있으면 커피를 무시하고 차를 마시는 것이 고급 취향이라고 추켜올리는 식이다. 자기라는 주체가 빠지니 행동이나 말이 함께 길을 잃는 것도 당연하다. 만약 자기가 있고, 자신이 어떤 사람인지 안다면 거기에 맞게 행동하는 것이 좋다는 것을 지각하므로 일관된 태도를 보이게 된다.

일관성이 있다는 것은 말과 행동에 일정한 패턴이 존재한다는 것이다. 이는 상대가 나에 대해 예측할 수 있게 도와줌으로써 '저 사람은 어떤 유형일까', '나와는 잘 맞을까', '이 상황에서는 어떻게 의사결정을 내릴까'와 같은 심리적 예측 비용을 절감토록 도와준다. 타인과의 신뢰 관계가 좋아지는 것은 당연한 일이다.

역설적이게도 자기감이 약한 사람일수록 다른 사람과 관계를 맺어 자기감을 강화해야 한다. 어느 정도의 부딪침이 있어야 타인이 내 감정을 침범하는 느낌이 어느 정도이고, 내가 밀어낼 때의 감정은 어느 정도인지, 안정감을 느낄 수 있는 거리는 얼마나 되는지 등을 알 수 있기 때문이다. 이런 정보는 관계 안에서 경험을 통해 습득하는 것이지 머릿속에서 상상한다고 정할 수 있는 것이 아니다. 관계를 경험하면서 '내가 그동안 이러고 있었구나, 이런 감정은 이렇게 처리했어야 하는구나'를 배움으로써 단단해질 수 있다.

자기감 자기소개서

자기감을 갖는다는 것은 자기 삶의 경험에 어떤 요소와 사건들이 큰 영향을 주었는지 깨닫고 인지하는 일과 다름없다. 의미 있는 자기감의 재료들을 제대로 선별하지 못하면 건강하지 못한 자기감을 갖게 된다. 어렸을 때 나는 형과 비교당하면서 '1등을 할 수 없는 사람'이라는 자기감을 가졌다. 학교에 들어간 뒤에는 1등은 아니었지만 이것저것 두루 잘하는 학생이었는데 그런 모습을 보고 친구들이 좋아해주었다. 그러다 보니 '1등을 하지 못하지만 이렇게 지내는 것도 괜찮구나'라는 생각으로 스스로 한계를 만들어버렸다. '못하는 분야에 도전해서 못하는 모습을 보이는 것보다 적당히 잘하는 모습을 보이는 쪽이 다른 사람의 인정을 사는 데 더 좋은 방법이야'라는 생각을 계속 가지고 있었다. '쟤는 노력하지 않아도 여러 가지를 잘해'라는 소리를 듣고 싶었다. 이런 생각을 가지고 있는 사람은 노력을 두려워한다. 열심히 노력해서 자기가 원하는 곳까지 못 간다는 것을 스스로 깨닫는 것보다 안 하고 안 간다고 생각하는 편이 더 좋다고 믿는다.

나 역시 그랬다. '나는 적당히 똑똑하니까 꼭 1등은 안 해도 돼. 노력할 필요 없어'라고 생각하며 안심했다. 그렇다고 만족했다는 뜻은 아니다. 언제나 일말의 불만이 따라다녔다. 그래서 정신과 의사가 된 후 내가 살아온 패턴을 찾기 위해 과거의 기억과 경험을 되돌아보게 되었다. 어떤 경험과 기억이 나에게 이런 자기감을 심어주었는지 확인하며 의미 있는 자기감 재료들을 다시 선별하기 시작했다. 이때의 경험이 나의 자기감을 바로잡는 데 큰 도움이 되었다.

나처럼 자기감을 바로잡고 싶은 분들이 있다면 '자기감 자기소개서'를 작성해볼 것을 권한다. 자기소개서라고 하니 움찔하는 분들이 있을 것 같은데 걱정할 필요는 없다. 구직활동을 하는 것도 아니고 형식의 구애 없이 간략하게 적어 내려가기만 하면 된다.

자신이 어떤 상황에 처했을 때 드는 생각, 감정, 행동이 반복되어 이뤄진 것이 자기 모습이다. 그러니 우선은 자신이 어떤 경험과 기억을 가졌는지 파악하는 것이 중요하다. 내가 의미 있는 자기감 재료들을 선별했다는 얘기가 바로 이와 같은 작업을 한 것이다.

많은 이들이 자신을 소개할 때 회사에 다니는 누구라고 이야기한다. 타이틀이나 직업은 '부분적 단서'일 뿐, 한 사람의 일생을 설명하지 못한다. 이보다는 "저는 둘째로 태어나 형에게 경쟁의식을 느끼며 성장했습니다. 항상 자신감 없이 지내다가 학교에 들어가며 자신감을 얻게 되었습니다. 하지만 어릴 때 형성된 형의 벽이 공고하여 도전에 대한 두려움이 컸고, 그 결과 안정감을 주는 선택지만 택해왔습니다. 그러다 정신과 의사가 되고 자기감을 튼튼히 하면서 삶이 만족스럽지 못하다는 것을 깨닫고, 내가 좋아하는 일, 잘하는 일이 무엇일까를 제대로 고민할 수 있었습니다. 〈정신의학신문〉을 창간할 수 있었던 것은 이런 과정이 있었기 때문입니다"가 나의 일생을 보여주는 소개 내용이다. 여기에는 성장 배경, 스키마, 선택 방향 등 자기감에 맞는 요소들이 들어가 있다.

누구에게 보여줄 것도 아니고 생각을 정리하고 자기감을 파악하기 위해 적는 것이니 여러분도 솔직하게 써보길 권한다. 성장 과정에서 어떤 생각의 뿌리를 지니게 되었고 그로 인해 어떤 생각, 감정, 행동 패턴을 갖게 되었는지에 대해 적어보자. 기능, 소유물, 욕구, 자의식으로 가득했던 의식과 무의식이 어느새 인생의 방향, 철학, 가치관, 선택 등으로 바뀌는 경험을 하게 될 것이다.

만약 자신의 인생에서 의미 있는 자기감 요소를 골라내는 일이 어렵다면 다른 사람의 의미 있는 자기감 요소를 찾아보는 것에서부터 시작하자. 상대의 사회적 위치나 명함, 아파트 브랜드에 집중하는 대신 그의 마음 씀씀이, 말과 행동의 일관성, 건강한 삶의 방향, 현실감각, 현명한 소비 습관에 주목하면 된다. 그가 어떤 생각과 경험을 가지고 행동하는지 찾아보고, 이에 관심을 기울이고 인정해준다면 상대도 건강한 자기감을 갖게 된다. 건강한 자기감을 만드는 시선에 익숙해졌다면 이제 상대를 바라봤던 그 시선으로 나 자신을 봐주자. 그동안 보이지 않았던 유의미한 요소들을 발견하게 될 것이다.

내가 원하는 것을
선택할 자유

⁜

　최근 알게 된 어느 작가와 대화를 나누다가 죽음에 대한 이야기가 나왔다. 그는 자신이 제일 선호하는 죽음의 형태가 시한부 인생이라고 했다. 깜짝 놀라서 이유를 물어보니 이렇게 답했다. "시한부 선고를 받으면 제 마음대로 다 할 수 있잖아요. 죽는데 누가 뭐라고 그래요. 죽음으로 가는 여정도 제 삶의 일부분이기도 하고, 생을 정리하는 시간을 갖고 싶어요."

　그의 죽음이라는 가치관 안에는 생의 부자유가 포함되어 있다. 시한부라는 진단을 받고 나서야 원하던 대로 살겠다는 것은 거꾸로 생각하면 '살아 있는 기간'에는 그러지 못한다는 생각이 자리 잡고 있다. 왜 '죽는데 누가 뭐라고 그래요'라고만 생각하는가. '내 인생인데 누가 뭐라고 그래요'라고 말할 수 있어야 하는 것이 맞다.

살면서 내가 원하는 대로 하기 힘들다고 생각하는 사람은 비단 그뿐만이 아닐 것이다. 작은 회사에 다니다가 최근 중견 기업으로 이직한 정연 씨는 자신의 스펙에 비해 좋은 회사에서 일하고 있다고 생각했다. 전 회사는 비품을 사는 것도 눈치를 줬는데, 이직한 회사에서는 법인카드를 제공해주었다. 자신이 다른 사람들에 비해 능력이 부족하다고 생각한 정연 씨는 회사의 눈치를 보며 법인카드도 제대로 사용하지 못했다. 누가 뭐라고 한 것도 아니었는데 정연 씨 스스로 능력도 없는데 법인카드를 많이 사용한다는 말을 들을까 겁이 났던 것이다.

그런데 1년 정도 지나 회사에서 천덕꾸러기 취급을 받는 한 직원이 같은 팀으로 발령이 났다. 문제는 여기서 발생했다. 성과가 좋은 것도 아니고 스펙이 뛰어난 것도 아닌 그 직원이 법인카드를 자유롭게 사용하고 있었던 것이다. 자신보다 뛰어나지도 않은 그가 마음대로 법인카드를 사용하는 것에 정연 씨는 억울함을 느꼈다.

나의 욕구이지 타인의 욕구가 아니다

  자아 경계가 약한 사람들은 감정뿐만 아니라 생각, 욕구 등이 넘나든다고 했는데 정연 씨의 경우는 자신의 욕구와 타인의 욕구를 구분하지 못한 경우였다. 억누르고 억압했던 본인의 욕구를 동료 직원의 행동 때문에 들켜버린 것 같아서 불편했던 것이다.

  '나도 법인카드를 마음 편히 쓰고 싶어', '저렇게 당당하게 살고 싶어'라는 욕구가 정연 씨 안에도 존재한다. 그런데 '나는 그러면 안 돼', '내겐 그럴 자격이 없어'라는 생각으로 그 욕구를 억누르고 있었던 것이다. 이 마음은 분명 자기 것임에도 불구하고 정연 씨는 동료의 것으로 돌려버렸다. 심리학에서는 이를 투사(projection)라고 한다. 투사란 다른 사람에게 죄의식, 열등감, 공격성과 같은 감정을 돌림으로써 자신의 속내를 부정하는 방어기제를 말한다.

  생각을 부정하고 억누르면 처음에는 안 보일 정도로 작아지지만 그렇다고 사라지는 것은 아니다. 대신 엉뚱한 부분으로 튀어나오는데 그 대표적인 예가 의처증, 의부증이다. 이들의 마음을 들여다보면 '나도 다른 사람과 바람피우고 싶어'라는 소망이 있다. 단지 이 소망이 도덕적으로 나쁜 일이니 무의식 속으로 억압하려 든다. 그 결과 '내가 아니라 상대방이 바람을 피우고 싶어 한다'라는 잘못된 신념이 만들어지는 것이다.

정연 씨도 속으로는 법인카드를 쓰고 싶고, 조직 내에서 당당하게 지내고 싶은 욕구가 있다. 이는 잘못된 소망도 아니고 누구나 이렇게 생각하는 것이 맞다. 그런데도 그는 엄격한 기준을 들이대며 '스펙도 안 좋은 내가 이렇게 좋은 곳에 왔으니 내 회사처럼 법인카드도 아끼고 열심히 살 거야'라며 자신을 옭아매고 있다.

이뿐만이 아니라 더 나아가 자신의 신념을 다른 사람에게도 강요하고 있다. 실제로 동료 직원이 그 자신을 어떻게 판단하는지는 고려하지 않고 '당신도 나와 다를 바가 없으니 법인카드를 자유롭게 사용하지 말고 얌전히 있어'라고 생각하는 것이다. 정연 씨가 그를 억압하는 동안에는 '내가 그보다 나은 사람'이 되지만 자신의 욕구를 인정하고 법인카드를 사용하게 되면 동료와 똑같은 사람이 되고 만다. 동료와 똑같은 사람이라니! 나보다 못난 사람이라고 생각했는데 그와 같은 사람이라는 사실을 받아들이기는 당연히 어렵다. 그래서 자꾸만 상대를 미워하고 자신처럼 하기를 강요하는 것이다.

자기결정권 연습

　스스로 억압하고 욕구를 억누른 채 살다 보면 자신처럼 살지 않는 타인을 미워하게 된다. 회사에서 정해준 범위 안에서 법인카드를 사용했다면, 동료가 법인카드를 사용하든 사용하지 않든 관심이 없을 것이다. 그럴 필요가 없기 때문이다. 혼자서 똑바로 서지 못한다는 것은 스스로 결정권을 가진 경험이 적다는 의미로 이런 자세는 자율성을 키우지 못하도록 고착화한다. 자율성을 갖기 위해서는 먼저 자기부터 가져야 한다고 말하는 이유다.

　정연 씨가 친구들에게 이런 이야기를 하며 조언을 구하면 친구들은 동료 직원에게 신경을 끄고, 다른 사람처럼 법인카드를 사용하라고 말해줬다고 했다. 그러나 그는 한 발짝도 나아갈 수 없었다. 마음으로는 알지만 행동으로 옮기는 방법을 모르기 때문이다. 이럴 때는 무리하는 것보다 자기결정권을 가질 만한 '소소한 의사결정 습관을 쌓는 것'이 더 효과적이다.

　자기결정권(self-determination)은 스스로 정한 원칙이나 신념을 지켜나가는 힘으로 풀이할 수 있다. 특히 자기결정권에서의 '자기'는 스스로 선택할 수 있는 주체, 다른 개체와 구별되는 독립된 존재인데 이는 정연 씨가 채워나가야 할 부분이다. 그래서 그에게 제안한 것이 점심 메뉴 결정이었다.

법인카드 사용은 갑자기 시도하기에는 큰일일 수 있으니 편하게 점심 메뉴부터 결정해보라고 했다. 서너 명이 식사를 하러 나가서 식당을 정하고 메뉴를 고르는 것도 긴장되고 어려운 일일 수 있다. 그런데 막상 해보면 별것 아닌 것처럼 느껴질 것이다. 내 제안이 받아들여지든 아니든 계속 '나는 이 메뉴가 먹고 싶다'라는 말을 제일 먼저 하는 연습을 하는 것이 진짜 목적이다.

진입장벽이 낮은 것부터 높은 것으로 서서히 선택하다 보면 '선택의 주체자'라는 자아가 자리매김하게 된다. 습관적으로 억눌러 왔던 욕구를 어느 분야에서라도 조금씩 해소하면 한꺼번에 터져 나오지 않는다. 소소한 결정부터 하는 훈련을 당부한 이유다.

인생에 어떤 지점, 어떤 선택 앞에서도 우리는 스스로에게 '그냥 해도 된다'라고 말해줄 수 있어야 한다. 왜 아프고 시한부일 때만 자유를 허락하려고 하는가? 왜 회사에서 내어준 법인카드를 성과를 낼 때만 사용하려고 하는가? 이것은 2평 남짓한 감옥에 스스로를 가두는 것과 같다. 작은 것부터 스스로 결정하는 연습을 하자. 2평에서 4평, 4평에서 8평으로 점점 범위를 넓혀가다 보면 자유롭게 뛰어놀 수 있는 들판을 만나게 될 것이다.

제일 가까운 존재인 나에 대해서도 제대로 설명하지 못하는데
어떻게 타인을, 상황을, 세상을 올바로 바라보고 판단할 수 있겠는가.
그 무엇보다 자기감을 갖추는 일이 중요하다고 말하는 이유다.

행동의 이유를 안다

✦

'누구를 위하여 종은 울리나'라는 말은 어니스트 헤밍웨이의 소설 제목으로 더 유명하지만, 사실은 17세기 영국의 성직자이자 시인인 존 던이 쓴 시의 구절이다. 이 시에는 다음과 같은 구절도 있다. "누구도 그 자체로 온전한 섬은 아니다. 모든 인간은 대륙의 한 조각이며 전체의 한 부분이다."

사람에게 너무 많이 기대했고, 그래서 딱 그만큼 힘들어하는 정석 씨는 현재 마음의 동굴에서 칩거 중이다. 그는 외향적인 성격으로 사내 정치에도 능통해 남들이 부러워하는 인맥도 많았고, 회사 안팎으로 중요한 이너서클에 초대될 만큼 업무면 업무, 운동이면 운동, 여러 방면에서 능력이 출중했다.

그러던 그가 한순간에 나락으로 떨어진 것도 인맥 때문이었다. 그를 밀어주던 상무가 다년간에 걸쳐 취업 비리를 저질렀는데, 누군가 이 사실을 인사팀에게 밀고하면서 정석 씨도 공범자로 몰려 지방 발령을 받았다. 비리에 가담하지 않았더라도, 이러한 사실을 알고도 묵인한 책임을 회사에서 물은 것이다. 무엇보다 상무에 대한 의리를 저버리면 안 된다는 생각에 혼자만 곁에 남은 것이 화근이었다. 정석 씨는 현재 휴직계를 낸 상태다.

하나를 전부로 삼는 초점의 오류

상담을 통해 그를 괴롭히는 두 가지 요인을 밝혀냈다. 그는 인맥을 자기감으로 인식했다. 존 던의 말을 인용하면 대륙의 한 조각으로 자신을 두어야 함에도, 자신을 포함한 몇몇 사람들을 대륙 그 자체라고 확대 해석한 데서 문제가 비롯됐다.

인맥의 착시 효과 탓이다. 가장 흔한 예가 정치인들이 광화문이나 시청 광장에 몰려든 수백만 명의 지지자들을 국민 전체로 확대해서 보는 것이다. 국회의원 보좌관이나 선거 캠프에서

일한 분들이 선거에서 패한 뒤 후유증을 호소할 때가 있는데, 그들은 하나같이 "당선될 줄 알았어요. 사람들이 붐비는 모습에 고무됐었는데……"라고 이야기한다.

사내 정치도 이와 유사하다. 회사에서 힘을 행사하는 라인을 타고, 여기에 뜻이 맞는 이들끼리 몰려다니면 마치 회사의 중심이 된 것만 같은 기분이 든다. 비슷한 생각을 하는 이들끼리 모여 자신들의 의견을 전체의 의견으로 착각하다 보면 결국 지엽적인 안목으로 악수를 두는 상황이 벌어지고 만다. 역전의 기회를 노리고 있던 경쟁 라인이 이를 놓칠 리 없는 법. 세력 교체가 이뤄지기 마련이다.

두 번째 요인은 본사가 아니면 의미가 없다고 여기는 중심에 대한 욕구였다. 지방 발령은 받았지만 기회를 노려 본사 복귀를 도모해볼 수 있건만 그는 이미 실패했다고 여겼다. 정석 씨는 머릿속에 박힌 단일한 가치를 삶의 전부로 삼았다. 이를 두고 노벨경제학상을 수상한 심리학자 대니얼 카너먼은 초점의 오류(focusing illusion)라고 명명하며 '당신이 무언가를 생각하고 있는 동안에는 인생에서 그것만큼 중요한 것은 없다'라는 말로 설명했다. 자동차를 바꾸고 싶어 하는 사람의 눈에 자동차만 들어오는 것도 한 사례다.

생각과 행동을 돌아보게 만드는 데이터

초점의 오류에서 벗어나기 위해서라도 현 상태를 점검하는 데이터 기록은 필수적이다. 정석 씨의 경우 처음 한 달은 잘 먹고, 잘 자는 데에만 집중해 신체적 증상을 완화시켰다. 그다음 2주일 동안 감정 기록을 제안했다. 2주째 되던 날, 본사가 아니면 의미 없다던 그의 마음을 돌린 사건이 발생했다.

정석 씨의 데이터 일지

STEP1 알람 감정

9시 : 우울 4

12시 : 억울함 5

15시 : 분노감 7 → 잘 따르던 직원에게 메시지를 무시당한 지 3시간 후

18시 : 공허함 5

21시 : 생동감 7

STEP2 상황, 생각, 행동 기록

상황   메시지를 보냈는데도 오랫동안 확인하지 않았다.

생각   예전 같으면 즉각 회신했을 텐데 내가 이렇게 되니 외면하는 건가? → '나를 대신할 후임이 벌써 확정되어서 그에게 충성하기로 한 걸까?

행동   복귀 계획을 세움 → 지사 발령을 수용하겠다고 인사팀에 메일을 보냄

오후 12시쯤 평소 자신을 잘 따르던 부하에게 메시지를 보냈는데 세 시간째 묵묵부답인 사건이 그를 흔들어놓았다. 인맥이 전 재산이나 다름없던 그에게는 꽤 충격적인 사건이었다.

정석 씨는 이 일을 겪은 후 그동안과 다른 태도를 보여주었다. "사회생활은 인맥이 전부라고 생각했는데 이렇게 되고 보니 가장 먼저 떨어져 나가는 것도 인맥이네요. 메시지를 확인하지 않으니 화가 나지만 어쩌겠어요. 그래도 인맥만 좋은 게 아니라 능력도 인정받았으니까 다시 시작해봐야죠." 본사로의 복귀가 아니면 의미가 없다고 생각했던 그가 마음을 바꾸어 지사로 복직하겠다고 메일을 보냈다. 마음의 동굴에 틀어박혀 있는 것보다 현장에 가 있는 편이 상황 개선에 도움이 된다고 판단한 모양이다.

회사로 돌아가기로 한 그에게 기존의 데이터 기록지에 한 가지 추가할 것을 제안하였는데 바로 선택이라는 항목이다. 선택을 포함시키는 방법은 다음과 같다. 현재 고민이 되거나 결정을 해야 할 과제를 '오늘의 과제'란에 짧게 적은 다음, 지금까지 해당 과제를 어떻게 생각해왔고, 무슨 감정을 느꼈으며 그래서 어떻게 처리했는지 'before'란에 기재해보는 것이다. 그다음 현재는 같은 사안에 대해 어떻게 생각하고, 느끼며, 행동의 방향을 어디로 선회하기로 했는지 'after' 란에 적으면 된다.

아래는 정석 씨의 데이터 기록 중 일부다. before와 after의 차이가 한눈에 들어온다. 억울한 마음을 술로 달래거나 멍하니 있던 모습에서 벗어나 예전과 다른 자세로 세상 밖으로 나오는 첫걸음을 내디뎠다. 그의 인생에서 가장 큰 한 걸음일 것이다.

선택에 대한 데이터 기록(정석 씨의 기록지)

오늘의 과제 : 지사로 갈 것인가? 사직하고 다른 곳으로 이직할 것인가?		
before	생각	지사는 내가 있어야 할 곳이 아니라고 생각함
	감정	내 메시지를 확인하지 않는 직원에 대한 괘씸한 감정
	행동	술로 분노를 달래거나 집에서 멍하니 시간을 보냄
after	생각	지사로 가서 다시 시작해보겠다고 생각함
	감정	속상하고 억울한 감정이 크지만 생동감도 느껴짐
	행동	인사팀에 메일을 보내고 복귀 계획을 세움

남 탓, 상황 탓만 하며 지내다가 할 수 있는 일부터 하기로 생각과 행동의 방향을 전환함

선택에 대한 결심, 의지를 기록하는 것만으로도 무의식에 놓

인 과제를 의식의 차원으로 끌어올리는 효과를 경험할 수 있다. 동시에 그동안 피하고 외면한 과제들과 정면으로 맞서는 자세를 갖게 됨으로써 억압으로부터도 멀어지는 결과를 가져올 수 있다.

무의식의 세계에는 시간이 흐르지 않는다

내담자들에게 데이터 기록지를 건네면 처음에는 대부분 호의적이지 않다. 귀찮아서 종이를 달랑달랑 들고 다니거나 이런 걸 해봤자 무슨 소용이 있겠느냐는 시큰둥한 반응을 보인다. '왜 원하는 현재와 미래를 만들어나가는 일에 과거 기록을 적고 살피는 일이 필요한가요?'라고 묻는 분도 있다.

결론부터 전하면 무의식의 시계는 현실과는 다르다. 무의식은 과거, 현재, 미래라는 시제가 없다. 하나의 소우주로, 우리가 피하고 억누른 미해결 사건이나 단서들이 둥둥 떠다닐 뿐이다. 무의식 어딘가에 떠다니는 사건이나 감정은 '의식화되지 못한 단일 시제의 사건'으로만 취급되며 우리는 이를 해결함으로써 현재와 미래에 변화를 이끌어낼 수 있다. 그러니 과거가 어떻고, 미래가 어떻고와 같이 시제에 의미를 두기보다 무의식에서

의식으로 문제를 끌어올리는 일에 주목하자. 우물에서 물을 끌어올리는 두레박과 같은 역할은 '선택'이 하기 때문에 데이터 수집 항목 안에 포함시켜보라고 제안한 것이다.

데이터 기록지에 추가되어야 할 선택이란, 단순히 둘 중 하나를 택일하는 좁은 활동이 아니다. 자신의 현재 상태를 전반적으로 점검한 후 이 상태를 어떻게 변화시킬 것인가에 대한 종합적인 의사결정 활동이다.

긍정적인 선택을 향한 지름길

자신에 대한 데이터를 기록하고 의식화하는 작업만큼 중요한 것이 뇌의 도움을 빌리는 일이다. 이 모든 작업의 목적은 오직 하나, 건강한 자기감을 갖는 데에 있다.

공을 던지는 야구 선수의 경우, 100번 던질 때보다 1만 번 던질 때 뇌에서 팔로 가는 신경 구조가 훨씬 발달된다. 생각도 마찬가지다. 나쁜 생각을 100번 한 사람보다 1만 번 한 사람이 더 빠르고 더 쉽게 상황을 나쁘게 받아들일 확률이 높다. 비슷한 느낌만 받아도 '아, 나는 쓸모없는 사람이야'라는 생각이 바로 떠오르게 된다. 한마디로 부정적인 생각으로 직진하는 지름길이 뇌에 새겨지는 것이다. 이를 끊어내는 방법은 부정적인 신념의 뿌리에 더 이상 물을 주지 않고 그 반대편에 물을 주어 새로운 뿌리를 키우는 것이다.

그날 있었던 좋은 감정이나 경험을 써보자. 침대에 누워서 좋은 일을 떠올리며 히죽히죽 웃으며 잠드는 사람은 아이들 빼고는 없다. 하지만 어른들도 이런 연습을 하면서 잠자리에 들어야 한다. 물론 민망하기도 하고 이게 뭐 하는 짓인가 싶어서 처음에는 잘 안될 것이다.

그렇다면 복식호흡을 통해 떠오르는 생각들을 소거해나가자. 호흡에만 집중해야 한다. 마음이 안정되었다면 좋은 감정을 끄집어내자. 아마 상황이 이미지로 떠오를 것이다. 그때의 상황을 따라가면서 느낀 좋은 감정에 머무른 채 잠이 드는 것이다. 의식적으로 새로운 신경계 구조를 강화하며 잠자리에 들다 보면 나쁜 신경계는 자연스럽게 활동을 멈추는 결과를 가져오게 된다.

되고 싶은 것과
하고 싶은 것

✦

현실에 기반한 꿈이든 로또 당첨 같은 허황된 바람이든 많은
사람이 목표를 세우고 꿈이라는 것을 꾼다. 그런데 이 안에 '무
엇이 되고 싶다'는 들어 있지만, '무엇을 하고 싶다'는 들어 있
지 않은 경우가 많다. '되는 것'은 이루면 그것으로 끝나는 종
결 사건이지만 '하는 것'은 나아가고자 하는 방향이자 죽기 전
까지 끝나지 않는 지속 사건이다. '되고 싶은 것'을 목표로, '하
고 싶은 것'을 목적이라고 이름 붙여 보자. 목표는 도달해야 할
위치나 신분을 가리키는 반면 목적은 가치관의 방향으로서 이
둘 사이에는 차이가 있다.

목표는 도달해야 할 위치를 일러줌으로써 힘을 발휘하는 반면, 목적은 목표에 도착한 후에도 인생을 움직이는 동력이 되어 줌으로써 지속적인 힘을 발휘한다. 목표를 이룬 후에 잠시 즐거워하다가 만족감과 행복이 지속되지 않아 더 높은 목표를 설정하는 사람에겐 목표만 있었을 뿐 목적이 없었다. 삶에 대한 태도인 목적이 없다 보니 또다시 다음 목표를 찾아 헤매는 것이다. '무엇이 되고 싶다'는 마음 하나만 가지고 있다가는 목표를 이룬 뒤에 끝없는 공허함과 허탈함에 사로잡힐 수 있다. 목표를 이룬 뒤에도 삶은 계속되는데 어디로 나아가야 할지 알 수 없기 때문이다. 시작만 있고 중간과 끝이 없는 목표는 철길이 끊겨버린 기차와도 같다.

목표만 있고 목적이 없을 때

어렸을 때 나는 세상에 도움이 되는 무언가를 만들고 싶었다. 그래서 과학자가 되겠다는 목표를 세웠는데, 어느새 과학자가 되려 했던 목적은 까맣게 잊고 주변에서 좋다고 하는 카이스트 입학만이 눈앞에 덩그러니 놓여 있었다. 남들이 좋다는 말에 세웠던 이 목표는 주위에서 의사가 더 좋다고 말하자 아주 쉽게 의대 입학으로 바뀌게 되었다.

그럼 의사가 되어 만족스러웠냐 하면 그것도 아니다. 의대에 진학하고 나서 3개월, 또 전문의가 되고 난 후 3개월 만에 만족감은 끝이 났다. 그다음은 무료함과 함께 무엇을 해야 하나 하는 생각뿐이었다. 다른 사람들이 들으면 배부른 고민이라고 하겠으나 그때의 나는 정말 열정이 없었다. 그런데 예상치 못한 곳에서 변화가 찾아왔다.

아내와 아이가 동시에 아픈 시기였다. 아내는 목디스크로 수술을 받아야 했다. 친구들을 통해 실력 있는 의사를 수소문해서 병원에 찾아갔는데 의사마다 제안하는 해결책이 달랐다. 의사는 오로지 제자리에 있어야 할 구조물이 밖으로 튀어나온 것에 집중하며 이를 어떻게 하면 잘 없앨 수 있을까 하는 것만 생각하는 듯했다. 그러나 환자나 보호자 입장에서는 수술이 성공적인 것은 물론 치료 후에도 환자가 원하는 삶을 살 수 있기를 바란다. 그래서 설사 수술 외에 다른 방도가 없더라도 '수술을 하기에는 나이가 어린데 환자가 원하는 것은 무엇인가' 같은 가치관에 관한 질문에도 함께 고민해주기를 기대한다. 당시 내 가족은 이에 관해 어떠한 이야기도 듣지 못했다. 우리가 무엇을 선택할 수 있는지도 알지 못했다. 그런 관심을 받기엔 진료 시간이 너무도 짧았다.

이번에는 아내에 이어 아이가 아팠다. 태어난 지 2개월 된 아기가 병원 생활을 하는 것이 너무 힘들 것 같아서 1인실에 입원했다. 2주간 입원비가 400만 원 가까이 나왔다. 이제는 괜찮겠거니 했는데 계속 재발했다. 아이에게 선천성 요로 기형이 있었던 것이다. 아이는 생후 1년 중 6개월을 병원에서 생활해야 했다. 그러나 6개월 동안 1인실에 머무르기에는 경제적으로 너무 부담되었다. 다행히 6인실은 2주간 입원비가 30만 원 정도면 충분했다. 하지만 6인실은 아픈 아내와 아기가 머물기에는 너무나 힘든 장소였다.

이 일을 겪으며 내 머릿속에 들어온 생각은 '돈을 더 많이 벌어야 한다'는 것이었다. 불안 요소가 많아지면 사람은 자연스럽게 무언가를 더 많이 소유하고자 하는 습성이 있다. 요즘 시대에 그 무언가는 당연히 돈이다. 나는 더 열심히 살아야겠다는 결심을 했고, 여느 가장처럼 돈을 목표로 삼았다. 돈이 많아야 문제가 생겼을 때 여러 방면으로 대처할 수 있다고 판단했기 때문이다. 쉽게 잠 못 드는 날이 이어졌다. 돈 벌 궁리도 했다가, 환자 가족의 입장에서 병원 시스템이 얼마나 일방적인지 원망도 했다.

그러다가 갑자기 '그렇다면 정신과는?'이라는 질문이 떠올랐다. 외과나 성형외과 등 다른 주요 과는 지인에게 물어보거나 인터넷을 통해 정보를 검색할 수 있지만 정신과는 검증된 정보를 찾아볼 채널이나 방법이 없었다. 순간 정신이 번쩍 들었다.

따져보니 정신과에 다닌다고 하면 안 좋은 시선으로 보는 사회 분위기와 낙인이 찍힐 것을 두려워하는 환자들의 심리가 주요 원인으로 손꼽혔다. 의사가 아닌 환자로서 경험했던 불편함이 떠오르며 사람들이 자신에게 맞는 정신과 의사를 찾을 수 있도록 가이드를 제시해주는 일을 해야겠다는 생각이 들었다. 돈이라는 목표에 다다를 방법이 아니라 삶을 움직일 목적을 찾은 것이다. 이것이 지금의 〈정신의학신문〉의 창간 배경이다.

죽음의 수용소에서 찾은 삶의 의미

정신치료의 한 분야로 '로고테라피(Logotherapy)'라는 이론이 있다. 우리나라에서는 『죽음의 수용소에서』라는 책을 통해 많은 사람에게 소개되었다. 로고테라피는 빅터 프랭클이 나치의 강제 수용소에 수감되어 직접 삶과 죽음을 함께 경험한 바를 기반으로 만들어진 정신치료 이론이다. 정신건강의학과 전문 으로서가 아니라 한 사람으로서 가장 마음에 담아두고 있는 이 론이기도 하다. 과연 인간이 어떻게 삶을 이어나갈 수 있을지 의문이 드는 극한 상황, '죽음의 수용소'에서 빅터 프랭클은 사 람이 어떻게 사는지, 사람이 어떻게 죽는지 또 어떤 사람이 끝 까지 살아남는지를 목격했다.

어떤 이는 자신이 살기 위해 양심을 저버리는 선택을 한다. 동료를 감시하고 관리자에게 밀고함으로써 살아남는다. 어떤 이는 바닥에 누워 가혹한 폭력에도 꿈쩍하지 않고 자포자기한 모습을 보인다. 어떤 이는 굶어 죽을 상황에도 빵 한 조각을 다 른 사람에게 기꺼이 내어준다. 어떤 이는 가스실에서 온갖 절 규와 저주를 퍼부으며 죽는다. 어떤 이는 끝까지 살아남기 위 해 가스실의 벽과 바닥을 손가락이 부러질 때까지 긁어댄다. 어떤 이는 기도를 하며 죽음을 맞이하고, 어떤 이는 죽음의 순 간에도 자기보다 약한 존재를 끌어안으며 죽음을 맞이한다.

빅터 프랭클은 이런 삶과 죽음 속에서 자유를 보았다. 빅터 프랭클이 말하는 자유란 상황을 선택하는 자유가 아니다. 인간 은 주어진 상황, 그것이 죽음의 수용소와 같은 극한의 상황이 더라도 그 환경에서 어떻게 살고, 어떻게 죽을지 자신의 태도를 스스로 결정할 수 있다. 그리고 그 자유는 그 누구도 빼앗을 수 없다. 이것이 빅터 프랭클이 말하는 자유고 우리가 가져야 하는 삶의 태도다.

로고테라피의 핵심은 인간은 의미와 자유를 향한 의지를 가진 존재라는 것이다. 쉽게 말해 인간은 삶의 의미를 찾기 위해 살아가고 이런 의미는 자유로운 삶의 태도에서 나타난다는 것이다. 놀랍게도 죽음의 수용소 같은 극한 상황에서 살아남는 사람은 육체적으로 건장한 사람, 약삭빠른 사람, 용기가 있는 사람, 희망으로 가득 찬 사람이 아니었다. 삶의 의미를 가진 사람만이 살아남았다. 철학자 프리드리히 니체의 말 "삶의 의미를 찾은 자는 그 어떠한 상황에서도 흔들리지 않는다"를 잘 보여주는 사례다.

이 경험을 통해 빅터 프랭클은 삶의 의미를 찾을 수 있는 세 가지 방향을 정리했다. 첫째, 무엇인가를 창조하거나 어떤 일을 통해서. 둘째, 다른 사람과의 관계를 통해서. 셋째, 삶에 대한 태도를 통해서. 이 세 가지 방향을 목적으로 삼고 꾸준히 나아갈 때 삶의 의미가 생겨나고 그 과정에서 행복, 돈, 지위, 명예와 같은 것들을 부수적으로 얻을 수 있다고 했다.

삶이 어려울수록 우리는 다른 곳에 눈을 돌리게 된다. 그 다

른 곳이란 빅터 프랭클이 말한 부수적인 부분들이 아닐까 생각한다. 그 부수적인 것이 목표가 되어버리면 신기하게 삶은 그 부수적인 것조차 이루지 못하게 된다.

하지만 어려움 속에서도 목적을 향한 삶이 될 때 부수적인 것들이 저절로 따라오는 경우는 성공한 사람들을 통해서 많이 볼 수 있다. 결국 극한의 상황에서 생존한 사람들도 이런 사람들이다. 목적을 설정하고 삶의 의미를 찾을 때 우리는 그 어떤 시련 속에서도 살아남을 수 있다. 요즘같이 삶이 팍팍할 때야말로 실용적인 쓸모를 찾기보다 오히려 더 높은 차원의 의미를 찾아야 할 때가 아닌지 생각해볼 일이다.

5장

무엇에서든 자유로운 삶을 위하여

가면 뒤에
마음을 숨기는 습관

꠰

　최근 이직을 한 정혜 씨는 회사만 다녀오면 꼼짝도 못 하고
누워 있어야 한다. 회사에서 너무 많은 에너지를 써서 일상생
활에 쓸 에너지가 없다는 것이 문제였다. 새 회사의 좋은 사내
분위기에 발맞추느라 힘에 부쳤던 것이다.

　이전 회사는 업무 시간에 잡담도 별로 없고 퇴근 후에는 서
로 연락도 하지 않는 분위기였는데 새 회사는 조직원들끼리 사
이가 좋아 사내 카페에서 내 업무, 네 업무 할 것 없이 아이디
어를 교환하고 퇴근 후에 술 한잔하는 번개도 잦았다. 상사와
동료도 모두 좋은 사람이고 만나서 나누는 이야기도 건설적이

라 정혜 씨도 흔쾌히 몇 번 참여했다.

그런데 점점 과부하가 걸리기 시작했다. 정혜 씨는 사람들과 어울리는 것도 좋아하지만 일할 때는 혼자 집중하는 시간이 꼭 필요한 사람이었다. 하지만 회사 분위기상 그런 시간을 확보하는 것이 어려워 업무에 집중하기가 평소보다 힘들었고, 잠깐이라도 집중한 시간을 누군가 방해하면 짜증이 치밀어 올라 이를 감추기 위해 애를 써야만 했다. 그는 힘에 부치면서도 회사에서 사교적인 척, 쿨한 척, 쾌활한 척하는 자신이 가식적으로 느껴져 우울하다고 말했다.

페르소나, 이용하거나 억압당하거나

페르소나는 사회 적응에 필수인 심리적 가면이다. 맨얼굴로 승부를 보는 것은 무기 없이 전쟁터에 나가는 것과 같다. 직장에서는 직장인의 모습을 하고, 집에서는 자식의 모습을 하고, 사교 모임에서는 친구의 모습을 하는 것, 즉 특정 상황에서 그에 맞는 역할을 수행하는 것이 페르소나가 하는 일이다.

각 관계와 역할에 따라 다양한 페르소나를 갖는 것은 자연스러운 일이다. 여러 개의 페르소나를 가지면 다양한 관계와 분야에서 적응할 수 있으므로 유능하다고 볼 수 있다. 하지만 이 페르소나가 자신의 본모습에서 너무 멀어지면 문제다. 페르소나를 유지하기 위해 자기희생이나 자기부인을 하게 되면 많은 에너지가 소모되기 때문이다.

어떤 관계에서 내가 원하는 모습을 A라고 해보자. 이 모습은 나를 솔직하게 드러내는 관계에서만 나타날 수 있다. 반면 우리가 사회적으로 맺는 무수히 많은 관계에서는 그 역할에 따라 A를 가공한 A-1, A-2의 모습이 나타난다. 페르소나가 본래의 자기에게서 멀어질수록 괴리감이 생겨 내 생각, 내 감정을 표현하지 못하고 '마땅히 그래야 한다'라고 판단되는 의견만 말하게 된다. 결국 자신의 페르소나로부터 억압당하는 것이다.

공통점에 주목하면 자유로워진다

그렇다면 어떻게 해결할 수 있을까? 여기에 답을 구하기에 앞서 먼저 우울감과 우울증부터 구분해보자. 우울감은 누구나 느낄 수 있는 일시적인 감정 상태인 반면, 우울증은 뇌와 신체의 전반적인 변화로 인해 그 기능이 저하되고 우울한 감정과 허무함, 무의미함에 지배된 상태를 일컫는다. 불행 중 다행으로 정혜 씨는 우울감에서 우울증으로 진행되기 직전에 나를 찾아왔다. 우리는 상담을 진행하면서 '무엇을 할 것인가?'에 대한 방향을 도출하기로 했는데 해결책으로 찾은 것이 바로 '페르소나와 자기 간의 교집합 찾기'였다.

정혜 씨에게 필요한 것은 직장인으로서의 페르소나와 실재하는 나의 공통점에 주목하는 일이다. 많은 분이 오해하는 부분이기도 한데 회사에서 직장인의 페르소나를 쓰는 것은 너무나 당연한 일이다. 친구들과 있을 때, 가족과 있을 때의 나의 모습을 직장에서도 보여줄 수는 없다. 가족을 대할 때 써야 할 심리적 가면이 있고, 동료나 상사를 대할 때 장착해야 할 심리적 가면이 있다. 나 역시 의사로서 나와 아빠로서, 남편으로서 나가 다르다. 달라야 상대도 편하다. 다만, 정혜 씨는 회사에서 쓰는 페르소나가 자신에게서 너무 멀어진 것이 문제였다.

이해하기 쉽게 그림을 그려 설명하면 이렇다. 하나의 원에는 실재의 나, 즉 감정을 느끼고 생각하는 나(A)가 있다. 그리고 또 다른 원에는 페르소나, 즉 다른 이에게 보여지는 나(B)가 있다. 정혜 씨처럼 본래의 자신을 억압하면 정신과적인 병리 상태에 직면하게 된다. 그는 자신이 느끼는 감정을 무시한 채 '동료에게 자신이 어떻게 보일까, 직장인이라면 당연히 이 정도는 해야지'라는 직장인으로서의 가면만 생각했다. 그러니 누가 보든 안 보든 늘 주변을 의식하게 되고, 업무 효율도 떨어질 수밖에 없었다.

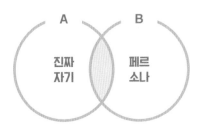

이럴 때는 두 원이 겹치는 지점, 즉 교집합에 관심을 기울여야 한다. 페르소나도 처음에는 본래의 나에게서 시작했기 때문에 둘 사이에는 크든 작든 겹치는 구간이 존재한다. 정혜 씨가 힘써야 할 부분은 진짜 나의 감정을 지우는 일이 아니라 교집합 부분을 더 많이 드러내고, 무리하지 않는 선에서 교집합을 키워나가는 일이다.

그의 경우 업무 시간을 방해받는 것은 페르소나만의 영역이었지만, 퇴근 후 시간을 함께 보내는 일은 본래의 자신도 좋아하는 영역이었다. 그래서 교집합을 퇴근 후에 번개에 참여하는 것으로 보고 동료들과의 사교 시간을 업무 외 시간으로 한정

짓기로 했다. 동시에 집중하는 시간을 확보하기 위해 동료들에게 자신의 업무 스타일을 공유하고, 일상적인 대화는 점심시간이나 사적인 자리에서 나누는 것으로 만족하기로 했다. 억지로 불편함을 참지 않는 것만으로도 회사 생활이 더 수월해졌다.

억지로 꾸며내는 모습은 오래갈 수 없다. '이렇게 해야만 해'라는 모습의 페르소나에 갇혀 감정을 외면하지 말자. 못하는 부분을 보완하려 애쓰기보다 편하게 드러냈을 때 괜찮은 부분을 강조하는 방향으로 나아가는 것이 더 효율적이다.

인정받고 싶지만
매달리기는 싫어

❖

인간의 기본 욕구만큼이나 현대인이 포기하기 힘든 욕구를 고르라면 인정 욕구를 들 수 있지 않을까? 인간은 사회적 동물이기 때문에 관계를 빼놓고는 생각할 수 없다. 아무리 나에 대한 감각을 살리고 건강한 자기감을 갖추어도 인정받는 일을 포기하기란 쉽지 않다. 하물며 『무소유』의 저자 법정 스님마저 다른 것은 다 놓을 수 있었지만 인정 욕구만큼은 놓기 힘들었다고 고백하지 않았는가. 그만큼 인정 욕구에서 벗어나는 일은 어려운 과제다.

사람들은 인정 욕구를 충족하기 위해 눈에 띄게 자기 관리를 하거나 주목받는 일만 맡기도 하지만, 노력 없이 무엇이든 '하는 척'만 하는 경우도 많다. 전자도 과할 경우 문제가 되지만 후자는 곤란에 처하는 피해자를 남긴다는 점에서 더 큰 문제를 일으킨다. 현실 세계에서는 라이벌 구도처럼 드러난 갈등보다 콕 짚어서 문제로 삼기에는 애매한 '은밀한 갈등'이 더 빈번한데 '하는 척'은 이 은밀한 갈등의 핵심이다.

특히 여러 사람이 모여 연봉과 승진을 놓고 경쟁하는 직장은 은밀한 욕망의 주요 활동 무대다. 앞에서는 사람 좋은 척하고 뒤로는 자신의 밥그릇을 챙기기 바쁜 것은 물론이고 양보하고 손해 보는 척, 혼자 궂은일을 도맡아서 처리하는 척해놓고 실제로는 손가락 하나 까딱 안 하는 등 주위 사람을 당황하게 만들거나 분노하게 하는 일이 비일비재하게 일어난다.

마음에 파도를 일으켰다면 어떤 일도 사소하지 않다

"같은 팀 직원 중 한 명이 체육대회나 회식이 있는 날에 당직이 걸리면 꼭 저와 바꾸려고 해요. 처음에는 저도 불편한 자리 안 가니까 좋았는데, 자기가 원해서 바꾸는 거면서 꼭 저를 위하는 척 생색을 내더라고요. 그러면 팀장님이나 다른 팀원들이 배려심 깊다며 치켜세워주고요. 그 사람의 들러리가 된 것 같은데 문제 삼기에는 너무 작은 일 같고……. 어떻게 해야 할지 모르겠어요"라며 하소연하는 민지 씨도 상황은 마찬가지다.

누군가는 왜 매번 알고도 당하는 거냐며 오히려 피해를 입은 쪽을 몰아세우기도 하는데 저들의 수법이 얼마나 교묘한지 몰라서 하는 말이다. 그들은 빠져나가는 데도 전문가라 오히려 문제를 제기하면 제기한 사람만 속 좁은 사람이 된다.

"사실 당직 서는 게 큰일도 아니고 돌아가면서 하는 일이긴 하니까요. 서로 편의를 봐주면 좋은데 저만 속 좁은 사람이 되는 것 같아요"라며 마음은 상했지만, 그렇다고 이의를 제기할 만한 일은 아니라고 여기는 사람이 많다. 이 책을 읽는 독자도 마찬가지일 것이다. 그러나 감정의 변화를 일으켰다면 그 일은 더 이상 사소한 일이 아니다.

상대의 의도가 어떻든 내 기분과 감정이 혼란스러워졌다면 억지로 사건의 규모를 축소할 필요가 없다. 그렇다고 작은 일에도 모두 이의를 제기하라는 뜻은 아니다. 진심으로 '이 정도는 넘어갈 수 있지'라고 생각하는 일은 넘어가야 한다. 다만 몇 번을 곱씹게 되고 울컥 올라오는 어떤 감정을 억누르게 만드는 일이라면 대처할 필요가 있다는 말이다.

제3자의 시각 빌려오기

미안함도 없이 다른 사람을 이용하고 억압하는 이들에게 깨달음을 주는 것이 속 시원한 결말이겠으나 현실은 '그때 그렇게 말했어야 했는데!' 하며 뒤늦게 후회하는 경우가 태반이다. 통쾌한 한 방을 날리고 싶을 테지만 이미 지나간 상황에 매달릴 필요는 없다. 우리가 해야 할 일은 내 생각과 감정을 다루는 일이다. 이 문제도 마찬가지다. 상황은 이미 벌어졌고 이 상황에 어떻게 대처하면 좋을지를 고민하는 편이 좋다.

잘못된 스키마에 빠지지 않고 생각하려면 제3자를 상황에 대입시키는 것도 좋은 방법이다. 이때 적절한 인물을 대입시켜야 하는데, 해당 사안에 정통하다고 여겨지는 인물이 있으면 간추려보자. 'A는 이런 상황이었을 때 어떻게 느끼고 행동할까?'라고 궁금해지는 인물이 있다면 그가 적임자다.

직접 만나 이야기를 듣는 것이 더 낫지 않느냐고 물어보는 분도 있는데, 이런 상황에서는 별로 추천하지 않는다. 억울한 일이 있을 때 하소연을 하며 감정을 해소하는 것도 좋지만 단순히 상대에게 자신이 원하는 반응을 얻을 목적으로 시간을 보낼 가능성이 높기 때문이다. 하지만 단순한 위로나 공감을 받는 것으로는 문제의 본질과 만날 수 없다.

같은 상황을 반복하지 않도록 해결책을 찾고 싶다면 제3자인 A의 눈으로 그 상황을 해석해보자. 같은 일에 대해서 A는 좋게도 나쁘게도 볼 수 있다. 사실 어느 쪽이든 도움이 된다. 나쁘게 봤다면 그 사람도 나와 비슷한 맥락으로 상황을 이해했다는 소리가 된다. '내가 좋아하는 사람도 이 상황에 대해서 나쁘게 보는구나'라고 생각하면 위안이 된다. 반대로 좋게 봤다면 '다른 사람은 이 상황을 좋게도 볼 수도 있구나'라고 관점을 환기하는 기회로 삼을 수 있다.

인정, 관계의 양날의 칼

다른 사람의 인정 욕구 때문에 피해자가 됐을 때, 가상의 인물을 대입하여 적절한 대응 방식을 탐색하는 일 못지않게 중요한 지침이 하나 더 있다. 바로 자신의 인정 욕구를 점검하는 일이다.

인정 욕구는 나라는 존재가 중요하다는 인식을 주기에 꼭 필요하다. '다른 사람에게 내가 필요한 사람이구나'라는 판단도 자기감의 일부다. 그러나 오직 인정 욕구를 통해서만 자기감을 형성한다면 건강한 자기감이라 할 수 없다.

마침 특별한 일도 없고 당직할 순서도 되어서 자원했는데 주변에서 아무런 말도 없다고 가정해보자. 어떤 사람은 자신이 결정한 일이니 타인의 칭찬이나 격려를 바라지 않는 반면, 어떤 사람은 '내가 이렇게 솔선수범했는데 왜 아무도 안 알아주지?' 하고 괴로워할 수도 있다. 후자의 경우 과도한 인정 욕구를 가졌다고 볼 수 있다. 우리의 모든 행동 하나, 말 하나에 타인의 인정과 피드백을 받을 수는 없다. 요구해서도 안 된다. 내 행동에 대한 평가와 인정은 타인에게서 나오는 것이 아니라 나에게서 나오도록 해야 한다.

물론 타인과의 비교를 통해 나를 인식하는 일은 자기감 형성 초기 단계에서 필수적인 일이다. '내가 친구들 사이에서 제일 재미있나?', '두 번째로 공부를 잘하나?' 등 집단 내에서 자신의 위치를 가늠하는 일은 자연스러운 현상이다. 그러나 초기 단계를 벗어나면 비교는 멈추고 자기감을 바탕으로 한 해석과 해결책을 제시할 수 있어야 한다. 다음 단계로 나아가지 못하면 관계에서 상처받고 상처 주는 일이 반복될 것이다.

타인과의 비교로만 자기감을 형성한 주희 씨는 최근 친구들이 자기만 빼놓고 여행을 다녀왔다는 사실을 알게 됐다. 내가 어떤 사람인지 알고, 친구들에게도 어떤 사람으로 인식되는지 아는 사람이라면 처음에는 당황스럽겠지만 친구들에게 왜 그랬는지 물어볼 수 있다.

하지만 친구들에게 자신이 어떤 존재인지 잘 알지 못하는 그는 '내가 A보다 운전도 잘하는데 왜 나를 데려가지 않았을까?', '요즘 돈이 좀 부족하다는 이야기를 했는데 그래서 빼놓고 간 걸까?', '역시 내 곁에는 아무도 없어' 등 혼자서 상처를 내는 생각만 하느라 괴로워했다.

감정이 상하는 상황에 대해 용기 있게 물어볼 수 있는 사람은 나로부터 나오는 자기감을 가진 사람들뿐이다. 상대가 어떻게 나올지 예측할 수 없기 때문에 위험부담이 있기 때문이다. 친구들이 별생각 없이 즉흥적으로 여행을 다녀온 작은 해프닝일 수도 있지만 정말 주희 씨와의 관계가 불편해서 따돌린 걸 수도 있다. 후자라면 가슴이 아프지만 모른 척 넘어간다고 해서 관계가 개선될 리는 없다.

관계 속에서 자유로워지는 것이야말로 사람들이 가장 바라는 자유다. 그러려면 인정을 바라면서도 모두에게 인정받을 수 없다는 것을 마음 깊은 곳에서 받아들여야 한다. 행동의 동기를 타인의 인정이 아니라 나의 인정으로 옮기는 연습을 하자.

말 한마디, 작은 시선 하나에 움츠러들었던 어깨가 조금은 당당해질 것이다.

감정을 해치는 말,
감정을 위하는 말

✦

    나에 대한 험담을 듣고 와서 미주알고주알 전하는 후배, 나만 빼고 모임을 가졌으면서 굳이 그 사실을 알려주는 동기, 내 성과를 윗선에서 가로채려는 소식을 일찌감치 귀띔해주는 타 부서 팀장, 혼자서 다 할 것처럼 호언장담해놓고 정작 아무것도 안 하는 상사까지…… 이들은 모두 똑같이 이야기한다. "다 널 위해서 하는 말이야."

    그러나 심란하게 만드는 정보를 전달하는 그들의 표정은 오히려 이 상황을 즐기는 듯하다. 대놓고 욕이라도 하면 반박이라도 할 수 있을 텐데, 은근히 신경을 갉아먹는 이런 신경전은

몸과 마음을 피로하게 만든다. 말이 곧 칼이 된다고 입을 모아 이야기하는 이유가 다른 곳에 있지 않다.

소셜미디어에 잔소리와 조언에 대한 한 아이의 대답이 널리 공유된 적이 있다. 우연히 만난 시민과 이야기를 나누는 TV 프로그램에서 진행자가 초등학생으로 보이는 아이에게 잔소리와 조언의 차이를 물어보자 아이가 명쾌하게 대답했다. "잔소리는 왠지 모르게 기분 나쁜데 충고는 더 기분 나빠요."

실제로 지인의 조언이나 충고로 인해 상처를 받아봤거나 거꾸로 조언을 해줬는데 상대가 불쾌하게 받아들인 경험이 다들 있을 테다. 내 딴에는 좋은 의도에서 건넨 말인데 상대로부터 "그렇게 잘 알면 너나 좀 잘해보지 그랬어?", "그냥 내가 알아서 할게"와 같은 피드백을 받으면 당황스러운 한편 머쓱해진다. "너 생각해서 한 말인데 왜 그렇게 받아들여"라는 소리를 한 번이라도 해봤거나 그 비슷한 생각을 해본 적이 있다면 당시 상황을 회상해보자. 왜 상대가 삐딱하게 받아들일 수밖에 없었을까. 결론부터 말하면 감정적인 이해가 없는 조언이나 충고였을 가능성이 높다.

쓴소리도 감정을 해치지 않아야 전달된다

공감의 기본은 감정이다. 조언을 건네는 이의 '선한 감정'과 조언을 받는 이의 '선한 감정'이 같은 구간에서 포개어질 때 공명을 일으킬 수 있는 것이지, 어느 한쪽의 의지나 감정만으로 공명이나 공감을 일으킬 수는 없다. 그래서 공감이 어려운 것이다.

의사로서 내담자를 진료할 때도 감정을 알아주는 일은 중요하다. 한쪽으로 치우친 사람에게 반대쪽으로 나아갈 수 있는 동기와 방법을 알려줘야 하는데 이런 치료를 내담자가 받아들이려면 의사도 내담자에게 신뢰를 얻어야 한다. 신뢰를 얻는 가장 기본적인 자세는 내담자가 시간을 내 이곳까지 오게 된 상황과 감정에 바짝 다가가 이해하려는 노력에 있다.

제3자가 보기에는 답이 뻔한 문제인데 당사자에게는 답이 보이지 않는 일이 있다. 어떤 사람은 누구보다 업무 처리 능력이 우수하고, 일머리도 있고 똑똑한데, 불안감 때문에 나서서 해보겠다는 말이나 승진에 미온적인 태도를 보인다. 당연히 매번 인사 평가에서 좋은 평을 받지 못해 뒤처지게 되고, 알면서도 뒤처질 수밖에 없는 선택을 하는 스스로를 비난한다.

주변 사람들은 답답한 마음에 "그냥 해", "네가 그렇게 생각할 필요 없어", "일단 시작해봐"라고 말하지만 당사자는 자신에게도 이유가 있는데 그걸 알아주기는커녕 오히려 이래라저래라 하니 아예 마음을 닫아버린다. 이 경우 그의 이야기를 듣고 그의 마음을 이해하고 있다는 것이 온전히 전달된 후에야 "그렇게 생각할 필요 없어요"라는 말을 받아들일 자세가 마련된다.

사람들은 대부분 자기 문제에 대한 이상적인 해결책을 알고 있다. 다만 관성적으로 행동하는 것이 편하기 때문에 늘 하던 대로 행동하는 것이다. 새로운 해결책은 이상적일 수는 있으나 어떤 결과를 불러올지 알 수 없어 불안하기 때문이다.

아들을 공부하라고 다그치는 한 어머니도 그랬다. 자신이 다그칠수록 아들이 공부에 흥미를 잃을 것을 알면서도 하다 보니 버릇이 되고 자신이 이렇게 해야 아들이 그나마 공부를 한다는 이상한 당위성을 갖게 되어 '부모라면 누구나 다 이렇게 하지'라고 생각하게 되었다. 그러나 그 강도가 일반적인 공부 잔소리를 넘어서 아들의 일거수일투족을 확인하고, 성적에 따라 아들을 대하는 태도가 달라지는 지경에 이르렀다.

이럴 때 자식에게 그러지 말라는 말을 처음부터 하면 아무리

적절한 조언일지라도 듣지를 않는다. 자신이 왜 그렇게밖에 할 수 없는지를 끊임없이 설명하고 종국에는 "우리 애가 대학교 못 가면 선생님이 책임질 거예요? 이게 제 방식이에요"라고 말한다.

상대를 진정으로 위한다면, 그리고 상대가 지금의 괴로움에서 벗어나기를 바란다면 먼저 그 괴로운 상태를 만들 수밖에 없는 상대의 입장을 헤아려줘야 한다. 공부를 못한다고 무시당하지 않기를 바라는 마음, 좋은 학교에 가고 출세해서 자식만큼은 자신과 다른 삶을 살기를 바라는 마음 등 행동 이전의 감정과 생각을 알아주고 공감해야 하는 것이다. 이런 시간이 쌓여서 상대에게 '온전히 이해받고 있구나'라는 믿음을 줄 수 있을 때, 그때가 바로 조언을 할 수 있는 최적의 타이밍이다.

마음이 향해서 고집하는 것인데 여기에 대해 섣불리 채근하거나 한심하다는 반응을 보이는 것은 곤란하다. 새로운 대안을 안내하기에 앞서 한쪽으로 치우칠 수밖에 없었던 그의 감정에 관심을 기울여라. 그래야 말문과 마음의 문을 동시에 열 수 있다.

공감의 세 가지 조건

좀 더 자세히 들어가 공감을 형성하는 세 가지 조건에 대해 알아보자. 다음의 세 가지를 지키면 상대를 위하는 마음에서 하는 말이 더 잘 전달될 것이다.

첫째는 판단 금지다. 상대로 하여금 '지금 날 판단하고 있구나'라는 불편한 감정을 갖게 해서는 안 된다. 잘못을 지적하거나 논리의 허점을 추궁해서도 안 된다. 조언을 구하는 사람은 이 상황을 함께 해결해주기를 원하지, 자신을 혼내주길 원해서 말을 꺼내는 것이 아니다. 이미 지나간 일에 대해 코멘트를 달기보다 앞으로의 대응에 관해서 함께 고민해주는 것이 옳다.

공감을 끌어내는 조언의 두 번째 조건은 타이밍이다. 많은 분이 정신과에 처음 방문하면 내과에 가서 감기 진단을 받듯 뚝딱 진단명이 나올 것으로 기대한다. 오랜 시간 다른 정신과에서 진단을 받고, 그에 따른 처방을 받아온 경우가 아니고서야 의사는 내담자와 깊은 대화를 나눈 후에 진단을 내린다. 상황에 따라 의도적으로 늦게 진단명을 일러줄 때도 있다. 마음의 문제라는 것이 쉽게 진단 내릴 수도 없을뿐더러, 설사 내렸다고 해도 내담자가 이 진단을 수용할 수 있는 타이밍인지도 함께 고려해야 하기 때문이다. 안 그래도 심리적으로 취약한 상태의 내담자에게 충분한 준비 시간을 갖지 않고 '당신은 이러한 정신질환을 갖고 있습니다'라고 단언하는 것은 바람직하지 못한 일이다.

조언이나 충고도 마찬가지다. 옳은 말이고 필요한 정보라 해도 상대가 수용할 타이밍이 아닌 때에 던지는 것은 개구리에게 돌멩이를 던지는 것과 같다. 간혹 '이성적으로 생각했을 때 옳은 말인데 왜 거부감을 보이는지 모르겠다'라며 답답해하는 분이 있다. 그러나 이성적인 것이 언제나 옳은 것은 아니다. 조언은 하는 사람이 아니라 받는 사람에 의해 필요와 의의가 정의됨을 기억해야 한다.

마지막 방법은 감정에 맞춰 공감의 방향을 잡는 일이다. 누가 불안한 마음으로 고민을 털어놓으면 고민 내용을 해결하려 하기보다 불안이라는 감정에 맞춰서 대화하면 된다. 감정적 배려로 나아가면 판단 금지와 타이밍이라는 두 조건이 자연스럽게 갖춰지는데 감정이라는 것 자체가 함부로 접근할 수 있는 것이 아니어서 그만큼 신중한 태도를 취하게 하기 때문이다.

실력 있는 정원사들은 무작정 식물이나 꽃을 심지 않고, 1년간 땅만 바라본다고 한다. 봄의 땅, 여름의 땅, 가을의 땅, 겨울의 땅을 관찰해야 언제 무슨 식물을 심을 때 땅이 잘 받아주는지 파악할 수 있기 때문이다. 정원사 입장이 아니라 철저히 땅의 입장, 정확히는 땅의 감정을 배려한 자세다. 상대가 잘되길 바라는 마음에 하는 조언일수록 상대를 잘 살펴야 한다. 그래야 조언을 구하는 입장이나 해주는 입장 모두, 서로에게 향하는 소중한 마음을 가꿔나갈 수 있을 것이다.

관계를 끝맺는 연습

　좋은 사람을 만나서 관계를 시작하는 것도 어려운 일이지만 그만큼 어려운 것이 관계를 종결하는 일이다. 만나면 마음 한 구석이 꼭 다치는데 업무적으로 나에게 도움이 되어서, 혹은 언젠가 도움이 될 것 같아서, 끊어버리기엔 얽혀 있는 사람이 많아서 단칼에 끊어내기 어려운 관계들이 있다. 특히 공적인 관계에서 이런 갈등은 심해진다.

　예를 들어 승부 근성이 강한 동료가 있다고 해보자. 같은 팀에서 사사건건 부딪치면 성가시고 불편해 안 보고 싶은 마음이 커진다. 실제로 이 같은 직장 내 인간관계 때문에 내원하는 분들이 적지 않다. 그러나 개인 간의 경쟁이 아닌, 부서 간의 경쟁으로 확대될 경우 나를 힘들게 만든 동료의 승부 근성은 오히려 장점이 된다. 다른 부서와 프로젝트를 두고 싸워야 할 때 누구보다 적극적으로 나설 테고 결과적으로 내 부서, 나에게도 이득이 되기 때문이다.

동료의 승부 근성으로 인해 마음고생을 할 때도 있지만 그로 인해 이득을 보는 때도 있다. 이처럼 관계는 복잡하고 단 하나 모습으로 정의 내리기가 어렵다.

찬물 아니면 뜨거운 물, 샤워실의 바보

스트레스를 받으면 뇌는 이것 아니면 저것이라는 이분법으로 결론을 내린다. 관계에서 스트레스를 받을 때도 마찬가지다. 적절한 거리를 찾으려고 노력하는 대신 발을 빼며 멀어져 버렸다가 상대가 우호적으로 나오면 다시 확 다가가는 행동 양상이 나타난다.

이럴 때는 '샤워실의 바보'가 되지 않도록 주의해야 한다. '샤워실의 바보'는 노벨경제학상 수상자 밀턴 프리드먼이 주창한 개념이다. 샤워실에 들어가 처음 물을 틀면 찬물이 나오는

데 온수가 나올 때까지 기다리지를 못하고 바로 뜨거운 물 쪽으로 수도꼭지를 확 돌렸다가 또 뜨거운 물이 나오면 놀라서 다시 찬물 쪽으로 확 돌려버리는 바람에 샤워는 하지 못하고 물 조절만 하는 바보 같은 모습을 칭하는 말이다.

관계에서 마음 상하는 일이 발생했다면 유연하게 대처할 필요가 있다. 마주할 만하면 부딪치고, 당장은 힘들다고 생각되면 잠시 멀어졌다가 마주할 수 있을 때 다시 들여다보는 것이다. 관계에서 도망치는 것만을 해결책이라고 생각해 절연하는 것은 물의 온도를 조절할 생각은 못 하고 샤워기가 고장 났다고 떠나버리는 일과 다름없다. 그런데 요즘은 샤워실의 바보처럼 무작정 관계를 끊으려는 사람이 많은 것 같다.

누군가에 의해 분노라는 감정이 생겼다고 한들 분노라는 감정이 나를 해치는 것은 아니다. 오히려 분노를 내 마음이 나에게 보내는 신호로 해석하자. 존재론적으로 무시를 받는 상황이거나 손해를 볼 수 있는 상황일 때 경보음이 울리듯 화라는 감정이 생기는 것이다. '화가 일어나는 것을 보니 이 사람이 나의 어떤 부분을 건드렸구나' 또는 '이 사람이 나를 자극한 것도 아닌데 내가 앞서서 생각했구나'처럼 스스로를 해치지 않는 방향으로 생각해봐야 한다.

어떤 관계든 항상 좋을 수는 없다. 또 관계에서 감정적 자극을 받지 못하면 자신을 돌아보고 발전할 기회도 마련되지 않을 것이다. 이를 깨달으면 상대와 끝내려 하기보다 관계의 찬물과 뜨거운 물을 미세하게 조절할 필요를 실감하게 된다.

앞에서 예로 든 승부 근성이 강한 동료의 경우 그와 관계를 끊지 않을 때의 손익을 계산해보는 것도 한 방법이다. 관계에서 손익을 따지는 것이 속물처럼 느껴져 눈살을 찌푸리는 분도 있을 테지만, 공적인 관계라면 그런 죄책감을 느낄 필요가 없다. 내 이익을 위해서 타인에게 손해를 끼치는 일을 지양하면 되지 서로에게 득과 실을 명확히 하는 것은 불가피한 일이다. 무엇보다 손을 놓는 건 언제든 할 수 있는 일이다. 앞당겨서 손쉬운 카드부터 꺼낼 이유는 없다. 지금 상황에서 이익과 손해를 고려해봤을 때 이익이 더 크다는 생각이 들면 상대의 가치, 그에 대한 내 감정도 달라질 수 있다.

다만 언젠가 알 수 없는 먼 미래의 이득을 위해서 지금의 감정적 손해를 견뎌야 한다면 억지로 연을 이어갈 필요는 없다. 아무리 대단한 현실적 이익이라도 내 마음을 해치면서까지 얻어야 할 이유는 없기 때문이다.

끝을 말할 줄 아는 용기

이번에는 사적인 관계, 마음을 주고받는 대상과 멀어지는 일에 관해 이야기해보자. 앞에서 뜨거운 물, 찬물만 왔다 갔다 하느라 목욕도 못 하고 나오는 이를 샤워실의 바보라고 했다. 관계의 시작과 끝은 결정하지만 중간 과정인 유지 기간을 견디지 못하는 훈진 씨도 관계에서 샤워실의 바보처럼 살아왔다.

한번은 훈진 씨가 이렇게 말한 적이 있다. "저는 관계만 맺으면 제 페이스를 잃어요. 그러다 보니 관계를 맺는 동안엔 제 마음대로 할 수 있는 게 아무것도 없더라고요. 만나면 만날수록 나만 맞춰주는 것 같고, 나만 손해 보는 것 같은 느낌이 계속 들어서 끝이라도 내 마음대로 내자라는 마음이 커져요. 그런 심정으로 관계에서 도망쳐버리죠."

시간에 쫓겨 어쩔 수 없는 선택을 하는 것처럼, 관계에서도 끌려만 다니다 숨 쉴 곳이 없어지면 손을 놓아버리는 사람이 있다. 그러나 이는 주체적으로 결정한 끝이 아니다. 이미 끝나버린 관계에 도장만 찍었을 뿐이다. 훈진 씨도 한없이 내어주다가 결국 제풀에 지쳐 나가떨어지는 패턴을 반복하고 있는데, 이를 깨닫고 나서도 그러한 관계에서 즉시 벗어나지 못했다.

하지만 언젠가부터 스스로 저항하기 시작했다. 막다른 골목으로 가고 있다는 것을 스스로 느꼈고, 자기 영역을 지키려고 노력하는 모습도 보였다. 그래서일까? 최근의 헤어짐은 '어쩌다 보니 파국으로 치달았어요'가 아니었다. 관계의 끝을 두고 심사숙고한 흔적이 엿보였으며, 끝으로 향하는 과정이 놓여 있었다.

의도가 있는 절연과 견디고 견디다가 더는 못 하겠어서 손을 놓아버리는 절연은 다르다. 관계를 끊는 행위는 같지만 그 과정은 다르다. 훈진 씨는 관계를 지속하기 힘들겠다고 느꼈을 무렵부터 상대와 터놓고 대화를 하거나 상대에게 신호를 보냈다고 이야기했다. 신호를 상대가 무시했고, 관계로부터 자신을 지키기 위해 절연을 선택했다. 이러한 노력의 과정을 만들어내는 것이 중요하다.

그렇다면 어떻게 손을 놓아야 덜 다칠 수 있을까. '관계의 끝'에서 도망치는 대신 살아내려는 자세가 필요하다. 간혹 "어떻게 제 입에서 정리를 말해요. 상대가 떠나게 하는 편이 낫지"라고 말하는 분이 있는데 이는 상대를 전혀 배려하지 않는 태도다. 도망치는 데 급급해 상대에게도 마음의 화상을 입히고 만다. 관계의 끝을 예감한 시점부터 끝이 실현되기까지의 구간. 불편하더라도 여기에서 도망치지 않겠다는 결심. 이것만 있어도 상대에 대한 예의는 지킬 수 있다.

한번 맺은 관계라고 해서 모든 관계를 평생 안고 갈 필요는 없다. 그렇게 가까웠던 관계도 소원해질 수 있다. 스스로를 지키기 위해서는 그 과정을 견딜 줄 알아야 한다. 잘 보내는 것도 관계 맺기의 중요한 능력임을 잊지 말자.

한때 소중했던 사람들을
떠나보내야 할 때

✦

누군가 관계를 정리한다면 그 반대에는 관계를 정리당하는 사람이 있다. 끝을 말하는 사람도 큰 용기가 필요하겠지만, 받아들여야 하는 사람도 엄청난 마음의 에너지가 필요하다. 헤어지기로 마음을 먹고 행동으로 옮기는 쪽과 뒤늦게 따라야 하는 쪽이 있다면 필연적으로 이 둘 사이에는 손을 놓는 데 걸리는 시차가 존재한다. 상대는 이미 쥐고 있던 손을 놓아버렸으니 나 혼자서 그 손을 어떻게든 붙들어두려고 해도 다시 손을 맞잡을 수 있는 가능성은 희박하다.

회사에서 실력이 출중한 직원이 하루아침에 그만두거나 내가 좋아하는 사람이 날 떠나고 싶어 할 때, 20년 동안 추억을 쌓은 친구가 날 외면할 때 남겨진 이의 마음은 무너진다. 가슴 아픈 일이다. 떠나는 이는 관계 정리를 원하거나 적어도 거리라도 두고 싶어 하는 결정권자인 반면, 남겨진 나는 그들의 제안을 두고 '나쁜 것과 더 나쁜 것' 중에 선택해야 하는 수용자가 되는 일이니까.

"어떻게 하면 마음을 돌릴 수 있을까요. 전 그 사람을 잃을 수 없어요"라며 변해버린 마음을 돌리는 방법을 묻는 사람들이 많다. 하루걸러 한 번씩 받는 질문이라고 해도 과언이 아니다. 좋았던 시절을 추억하며 어쩌다 이렇게 되었는지 자책하는 사람도 있고, 변심한 상대가 나쁘다며 원망하는 사람도 있고, 이렇게 또 혼자 남겨진 자신이 불쌍해서 하염없이 울기만 하는 사람도 있다.

이야기를 듣다 보면 가슴이 아프고 위로해주고 싶은 마음도 크지만, 세상 어디에도 변한 마음을 돌릴 수 있는 마법 같은 방법은 없다. 나를 좋아하도록 노력하거나 표현하는 것은 나에게 속한 자유지만, 여기에 대한 상대의 반응과 마음은 내 영역의 일이 아니다. 관계를 끝낼지 말지, 또 이것을 수용할지 말지 모두 상대의 영역에 속한 일이다.

약속 시각까지 30분 남았는데, 이제 막 지하철을 탔다고 해보자. 약속 장소까지는 지하철로 한 시간 거리. 가는 내내 '빨리 가야 하는데', '빨리빨리 내리고 타지 왜 이렇게 늦어지는 거야'라고 아무리 마음을 졸여도 이미 늦어진 시간을 당길 수는 없다. 내가 어찌할 수 없는 영역의 일인데 쓸데없이 에너지를 낭비하는 것이다.

끝나버린 관계를 돌리려 하는 일도 이와 다르지 않다. 상대에게 다시 사랑받을 수 있을지 없을지 생각해봤자 이 일은 내가 어떻게 할 수 있는 일이 아니다. 여기에 대한 선택은 상대에게 맡겨야 한다.

상황이 달라지면 관계도 변한다

그렇다면 내가 할 수 있는 일은 무엇일까? 우선은 관계에 변화가 생긴 원인을 파악해야 한다. 가장 일반적인 이유는 관계를 둘러싼 상황의 변화다. 관계에서 역할은 고정적이기 마련인데, 이는 각자가 내뿜는 힘이 균형을 이루고 있기 때문으로 둘 중 한 명이 변화를 보이면 힘의 균형이 달라져 관계가 흔들리고 만다. 이 경우 변화는 불가피하며 어떤 경우에도 나만 그대로 머물러 있을 수 없다. 그래서 현실 상황에 변화가 생기면 관계에도 변화가 생길 확률이 높은 것이다.

고등학교 때 친구가 대학교 진학 후 멀어지거나, 대학교 친구가 취업 후에 멀어지는 경우를 다들 한 번쯤은 경험했을 것이다. 비슷한 집단에 있다가 준거집단에서 격차가 발생하면 관계는 자연스럽게 소원해진다. 사회생활을 시작한 후로는 다니는 회사, 결혼 등 신변의 변화로 인해 심적 변화를 겪는 경우가 빈번하다.

한 내담자는 대기업 취업 후 초등학교 친구들과 사이가 소원해졌다는 고민을 털어놨다. 다른 친구들은 상대적으로 작은 회사에 다니고 복지나 연봉에서도 차이가 있다 보니 무리에서 자신이 소외되는 것 같은 느낌을 받았다고 했다. 혹시 친구들이 자신을 재수 없게 생각하는 것은 아닐지 걱정되어 말 하나 행동 하나를 조심하고 있지만 여전히 친구들은 불편해하는 것만 같다고 했다.

관계에 대한 흔한 판타지가 하나 있다. 바로 한번 인연을 맺으면 계속 유지해야 한다는 생각이다. 환경이 변해도, 입장이 달라져도 변치 않는 끈끈한 우정에 대한 판타지는 남녀노소를 불문하고 넓게 퍼져 있다. 그런데 이 생각은, 미리 말했듯 판

타지다. 유년 시절의 친구는 나에게 그 시절에 이런 친구가 있었다 정도의 의미만으로 충분하지 성인이 된 두 사람이 여전히 유년 시절의 관계를 유지하고자 하는 것은 과욕이다. 동시에 유년 시절의 친구와 내가 성인이 되어 달라졌다고 해도, 그 시절의 그 친구가 없어지는 것은 아니다. '어렸을 때 우리가 참 친했고, 잘 지냈지'라고 남겨두기만 해도 충분한데, 많은 이들이 친구의 달라진 모습을 보면서 나의 소중한 기억이 없어지거나 의미가 사라지는 것처럼 괴로워한다.

'어렸을 때는 이랬는데, 지금은 달라졌구나'로 그치면 되는데 '이 친구가 변해버리는 바람에 나의 그 시절이 망가졌어!'라고 생각하는 것이다. 연인 사이의 이별도 마찬가지다. 지금은 헤어졌어도 과거 그 시절에 두 사람이 사랑한 것은 사실이다. 서로 헤어지고, 다른 사람을 좋아하게 되었다고 해서 나와의 사랑이 부정당하는 것은 아니다. 그저 변했을 뿐이다. '5년이나 사랑한 내 시간이 사라졌어'라고 생각하면 앞으로의 삶으로 나아갈 수 없다. 5년 동안 사랑했고 이별을 맞이했을 뿐이다. 앞으로 이만큼 사랑할 대상을 찾을지 말지가 우리의 영역 안에 있는 자유다.

가장 갑작스러운 이별, 죽음

온갖 사연을 듣고 고민을 나누는 일을 하지만 들을 때마다 그 슬픔의 크기에 압도당하는 이야기가 있다. 바로 사별의 슬픔이다. 특히 소중한 이를 자살이나 사고로 갑자기 잃은 사람의 슬픔은 매번 감히 형언하기 힘든 무게로 다가온다.

함께 지낸 무수히 많은 시간과 감정의 상호작용 속에서 차곡차곡 쌓인 그 사람의 흔적들. 이 소중한 기억들은 우리가 힘들 때 위로가 되고, 의지가 되어준다. 그러니 누군가의 떠남은 이를 통째로 흔드는 대사건이 된다. 마음이 흔들리기 시작하며 이제 그의 기억이 내 마음에서 영원히 사라질 것을 직감하게 된다. 점차 흐려지는 그 사람의 얼굴을 보며 세상이 비어가는 듯한 공허감이 몰려오는 이유가 여기에 있다. 더욱이 이런 이별이 자살이나 사고사처럼 갑자기 일어났다면 남겨진 이들의 삶은 그야말로 블랙아웃이 되고 만다. 다른 집들은 다 불이 켜져 있는데, 내 집만 정전이 되어 아무것도 할 수 없는 상태로 퇴행하는 것이다.

이럴 때 온갖 이상한 생각이 마음을 흔드는 것은 당연하다. 대부분 두 가지 방향으로 나뉘는데 하나는 '그 사람이 도대체 왜 그랬을까?'이고, 다른 하나는 '내가 무슨 잘못을 했을까?'이다. 시간이 지날수록 남겨진 이들은 성향에 따라 어느 한쪽의 의문에 집중하기 시작한다.

먼저 '그 사람이 왜 그랬을까?'라는 생각에 몰두하는 쪽은 좀처럼 혼란스러운 마음에서 벗어나지 못한다. 여기서 '그 사람'이란 남겨진 자에게 갑작스러운 죽음을 던져준 주체가 된다. 교통사고 가해자나 자살을 선택한 당사자를 지칭한다. 생각은 끊임없이 다른 생각을 만들어내 자신을 짓누르는 에너지로 사용된다. 머릿속은 잠시도 비지 않고 마음은 일말의 여유도 허락하지 않는다. 어떠한 답도 들을 수 없다.

반면 '내가 무슨 잘못을 했을까?'라는 생각에 몰두하는 쪽은 비교적 혼란스러운 마음에서 조금씩 벗어날 가능성이 높다. 힘들지만 자기만의 답을 조금씩 찾아 나선다. 이 과정에서 이들에게 많은 것을 배우는데 그중 지혜의 정수라고 한다면 세상을 떠난 대상과도 관계를 재정립할 수 있다는 점이다. 흔히 '고인하고는 그것으로 끝이 아닌가' 하는 생각을 하기 쉬운데 우리는 살아 있는 대상하고만 관계를 맺는 것이 아니다. 비록 내 곁에 없지만, 고인과의 관계를 새롭게 정립하고 의미를 부여하는 것은 얼마든지 가능하다.

생각의 방향이 이처럼 중요하다. 세상에 물어 답이 없을 때는 내 안에서 답을 찾아야 한다. 지금 내가 할 수 있는 일이 무엇인지 알아야 한다. 다시 살릴 힘이 없다면 내 마음속에서 무엇을 할 수 있는지 찾아야 한다. 그리고 다시 물어보자. 내가 그 사람을 위해서 무엇을 할 수 있을지. 여기에 대한 대답이 소중한 이의 죽음에 대한 내 방향성이 된다.

괜히 죽음이라고 하니 무겁고 기분이 우울해지는가. 그렇게 생각할 필요는 없다. 오히려 우리는 언제든 죽을 수 있기에 미리 죽음에 대해 생각해야 한다. 그래야만 진정한 의미의 자유와 만날 수 있다. "곧 죽을 거라는 사실을 기억하는 것은 인생에서 커다란 선택을 내리는 데 도움을 주는 가장 중요한 도구다"라고 말한 스티브 잡스의 말처럼 말이다.

나는, 당신은,
그리고 우리는 틀리지 않았다

╬

많은 사람이 내가 어려움 없이 자랐을 거라고 오해한다. 부모님 모두 일을 하셨고, 나 역시 의대를 나와 의사가 되었으니 잘 모르는 사람들 눈에는 그럴 수 있겠다 싶다. 학창 시절 다른 친구들의 눈에도 우리 집은 중산층 가정처럼 보였을 것이다. 그러나 실상은 여러 이유들로 가족끼리 돈을 가지고 다투는 일이 종종 있었다. 점심을 먹을 때도 가격 때문에 고민했고, 택시 타는 일도 웬만하면 꺼렸다. 그래도 고등학생 때까지는 종종 속이 뭉그러지는 일이 있었어도 겉으로는 잘 드러나지 않았다.

그런데 대학교에 입학하니 사정이 달랐다. 대구에서 서울로 올라온 나는 자취방으로 옥탑방을 구했는데, 다른 동기들은 집에서 아파트를 구해주거나 깨끗한 원룸을 얻어서 살았다. 나는 부모님의 부담을 덜어드리기 위해 아르바이트를 하고 마이너스 통장을 만들어 생활비와 학비를 충당한 반면, 그들은 당연하게 부모님의 도움을 받았다. 이렇게 잘사는 애들이 많다니, 마치 다른 세상으로 순간이동을 한 것만 같았다.

처음에는 대수롭지 않게 여기고 잘 지냈다. 아니 그렇다고 생각했는데 시간이 갈수록 그렇지 않았다. 동기나 여자 친구와 다툴 때는 물론이고 선배나 교수님에게 꾸짖음을 듣거나, 성적이 떨어지는 등 갈등이 생기는 상황에서 나도 모르게 다른 사람과 비교하고 내가 부족해서 무시당한다고 생각했다. 괜찮은 게 아니라 괜찮은 척을 했기 때문이다.

무엇이라도 원망할 대상이 필요했던 나는 '부모님이 돈을 잘 모았다면 내가 이런 무시를 당하진 않았을 텐데'라는 생각에까지 미쳤다. 서울에서 자란 동기들은 족집게 과외를 받으면서 수험생활을 했는데, 5만 원짜리 학원에 다니며 쉬는 시간에도 공부만 해서 의대에 온 내가 너무 불쌍하게 느껴졌다. 옥탑방에 사는 것도 싫었고, 돈 때문에 무시당하는 상황도 지긋지긋하다고 생각했다. 사실은 그렇게 부족한 상황이 아니었는데도 말이다. 동시에 동기들과의 비교를 멈추지 못했다. 그들과 내가 무엇이 다른지, 그들처럼 되려면 무엇을 해야 하는지 끊임없이 관찰하며 나에게 없는 것, 부족한 것을 찾아다녔고 그것을 숨기기 위해 아닌 척, 대수롭지 않은 척 내 모습을 꾸며냈다. 돌이켜보면 참 마음이 힘든 시절이었다.

네모 나라의 동그라미

살다 보면 내가 있을 곳이 아닌 데 있는 것 같다는 느낌을 받을 때가 있다. 왠지 다들 잘 어울리는데 나만 어울리지 못하고 겉도는 것 같고, 내가 어딘가 잘못되고 틀린 것 같다는 생각에 한없이 위축된다. 마치 네모 나라에 사는 동그라미와 같다.

네모 나라에 사는 네모들은 불편할 게 별로 없다. 태어난 대로 살기만 해도 인정받고 적응을 위해 노력할 필요도 없다. 하지만 네모 나라에 사는 동그라미는 항상 부족하다는 평가를 받고, 이상한 존재 취급을 받으며 배척당한다. 끊임없이 자신이 틀리지 않았다는 것을 증명하기 위해 힘을 써야 한다.

대학생 때 나는 네모인 척하기 위해 무던히 애를 썼다. 누구의 잘못도 아닌데 부모님을 탓하고, 모자란 나를 미워하고 억압했다. 하지만 아무리 노력해도 네모가 될 수 없었다. 오히려 내 안에서 '내가 왜 이렇게 살아야 하지?', '언제까지 이렇게 살아야 하지?'라는 불만과 슬픔이 풍선처럼 커졌다. 잔뜩 부풀어 오른 풍선은 시도 때도 없이 터져버렸는데 그럴 때면 네모도 동그라미도 아닌 모습이 튀어나와서, 시간이 지나면 '그때 왜 그랬지?'라는 생각에 또 내가 또 싫어졌다.

동그라미로서 자기감을 갖고 있더라도 네모 나라에 있으면 힘들고 괴로울 수밖에 없다. 타고난 것의 억압에서 자유로운 사람은 한 명도 없다. 한 여성 내담자는 자신이 키도 작고 목소리도 힘이 없는 편이라 아무리 심각한 이야기를 해도 상대가 진지하게 듣지 않아 힘들어하고, 한 남성 내담자는 내성적인 편인데 남자들끼리 있을 때 사내자식이 왜 이렇게 수줍음이 많냐며 핀잔을 듣기 일쑤라 스트레스라고 했다. 두 사람 모두 네모 나라에서 동그라미로 사는 이들이다.

네모 나라에서 태어난 동그라미가 선택할 수 있는 방법은 두 가지다. 네모인 척하면서 살거나, 아니면 세상에 나를 드러내고 자기 권리를 주장해나가거나. 나는 운이 좋게 정신의학을 공부하면서 네모 연기를 그만두고 나를 드러내는 용기를 얻게 되었다. 필요 이상으로 나를 억압하고 검열하게 만드는 잘못된 생각의 뿌리를 바로잡고 나와 화해했기 때문이다. 그래서 나를 찾아오는 내담자들에게도 완벽하게 거짓을 꾸며낼 방법을 찾는 대신 자신을 세상에 보여줄 용기를 가지라고 말한다.

평생 거짓으로 살 수는 없으니 조금씩 자신을 드러내고 편안해지는 방향으로 생각해보자고 말하면 사람들은 겁을 먹는다. "저 하나 노력한다고 세상이 바뀌겠어요? 제가 맞추는 게 더 나아요." 물론 숨죽여 사는 인생 안에도 그 나름의 자유는 있고, 나를 드러내는 인생 안에도 그 나름의 불편이 있다. 어디에 가나 완전한 자유로움을 누리는 일은 불가능하다. 다만 어떤 삶을 선택하든 그에 대한 책임이 따를 뿐이다.

내가 나로 산다고 해서 세상이 바로 다음 날 내게 우호적으로 바뀌는 것은 아니다. 하지만 그전에는 보이지 않았던 나와 비슷한 사람들의 존재가 보이기 시작한다. 네모 나라에서 동그라미로 살았던 다른 이의 존재를 발견하는 것이다. 이런 고민을 하는 사람이 나 말고도 많다는 사실만으로도 우리는 위안을 얻을 수 있다.

세상에는 권력을 쥔 기득권도 많지만, 촛불을 든 군중의 수도 그 이상으로 많다. 실제 내 권리를 주장해서 바꿀 수 있는 일은 의외로 많다. 왠지 권리 주장이라고 하니 광화문 광장 앞의 시위를 떠올리는 분들이 있을 테지만 꼭 그렇게 거창할 필요는 없다. 그저 네모는 네모처럼, 동그라미는 동그라미처럼 사는 것만으로도 충분하다.

네모가 7명이고 동그라미가 3명이라고 해보자. 3명의 동그라미 중 1명은 태어난 모습 그대로 사는 반면, 2명은 네모처럼 위장하여 산다. 이런 상황에서 네모는 어떻게 생각할까. 네모가 9명이고 동그라미는 1명뿐이니 적은 수가 고치면 된다고 간주한다. "동그라미. 너만 고치면 우리는 완벽한 네모 나라가 될 수 있어"라는 식으로 1명의 동그라미를 억압한다.

이번에는 네모가 7명이고, 동그라미가 3명이라고 해보자. 네모는 동그라미가 3명이나 되니 이들의 삶도 존중할 필요가 있다고 생각한다. 전체 인구 10명 중 3명이면 무려 30퍼센트나 되는 비율이다. 결코 무시할 수 없는 숫자다. 네모난 나라의 모서리라도 둥글게 만들 수 있을 것이다.

네모 나라 속 동그라미가 네모처럼 위장해서 살면 고칠 게 많은 1명이 되지만 주어진 모습 그대로 살면 동그라미의 요구사항을 반영시키는 주체자가 된다. 나는 이런 동그라미들이 우리 사회에 많아졌으면 좋겠다. 이것이 이 책에서 말하는 자유로움이다.

진정한 자유를 찾아서

내 마음은 내가 결정한다. 말은 쉽지만 실제로는 굉장히 어려운 일이다. 그럼에도 불구하고 제목에서 이러한 포부를 밝히는 데는 내 마음을 스스로 결정하는 네모 나라 속 동그라미들이 곳곳에 존재하기 때문이며, 지금보다 더 많은 이들이 자유롭게 자신의 목소리를 내주길 바라는 마음에서다. 이들이 투쟁해서 얻어낸 네모 나라의 둥근 모서리는 결국엔 동그라미만이 아닌 네모에게도 더 큰 자유를 줄 수 있다. 이것이 현재 우리가 나아가야 할 방향이지 않을까? 세상이 자유롭게 바뀌면 그 안의 구성원들은 힘을 조금만 들이고도, 원하는 삶을 살 수 있을 테니 말이다.

잊지 말자. 나는, 당신은, 그리고 우리는 틀리지 않았다.

우리의 삶은
의미가 있다

유치원부터 대학원까지 나는 아주 긴 시간 동안 많은 선생님을 만났다. 수학, 영어, 과학 같은 교과목뿐만 아니라 태권도, 미술, 피아노, 웅변 등 여러 분야에서 다양한 선생님을 만났다. 다행히 좋은 선생님들을 만나 좋은 교육을 받았다. 하지만 기억에 남는 선생님은 그렇게 많지 않다.

학생 시절을 떠올려보면 지금도 생각나는 선생님은 기가 막히게 잘 가르쳤던 선생님도, 나를 특별히 예뻐해 주었던 선생님도 아니었다. 오히려 학생들을 대하는 태도나 수업 외의 말씀으로 삶과 살아가는 자세를 가르쳐주었던 선생님들이 기억에 남았다. 나는 이런 분들이 진정한 스승이 아닐까 생각한다. 학교를 졸업하고 성인이 된 후에도 전공과목을 정신의학으로 선택해서인지 교수님들과 선배들에게 다양한 삶의 태도를 배울 수 있었다. 그들 덕분에 이 책의 절반이 완성되었다.

배움은 선생님을 통해서만 얻지 않는다. 나에게 선생님보다 더 많은 것을 가르쳐준 분들이 있다. 바로 레지던트 시절부터 지금까지 나를 만나러 와주시는 분들이다. 그분들은 책과 수업을 통해서는 절대 배우지 못할 개개인의 소중한 삶을 기꺼이 보여주었다.

사실 과거의 나는 단호하고 냉정한 성격 탓에 내 기준에 맞지 않는 것은 모두 쓸데없다고 생각하며 살았다. 그래서 전공과목을 선택할 때 외과 계열이 더 어울린다는 이야기도 많이 들었다.

정신과를 선택한 후 나를 찾아와 주시는 분들과 부대끼며 살다 보니 그동안 내가 얼마나 현상의 단면만을 봐왔는지 깨닫게 되었다. 덕분에 지금은 다른 사람들에게도 삶의 이면을 볼 수 있도록 도움을 주는 삶을 살고 있다. 당연히 나의 삶의 모습도 더 다양해지고 더 풍성해졌다. 이 책의 나머지 절반은 바로 이분들 덕분이다.

〈정신의학신문〉의 '무엇이든 물어보세요' 게시판을 통해 접수된 사연은 신문의 인기 코너인 상담 콘텐츠로 제작된다. 이 콘텐츠는 다양한 이유로 마음이 괴로운 사람의 사연과 그에 대한 정신과 의사의 답변으로 구성된다. 이 콘텐츠에 수많은 이의 댓글이 달리는데 신기하게도 그중 의사의 답변에 관한 이야기는 별로 없다.

독자들은 정신과 의사의 처방보다 얼굴도 모르는 다른 누군가의 사연에 더 큰 관심을 보인다. 심지어 사연 자체로부터 더 많은 도움을 얻어가는 것 같다. 어떤 이는 자신과 비슷한 누군가가 또 있구나 하는 안도감을, 어떤 이는 괴로움 속에서도 꿋꿋이 살아가는 의지와 용기를 발견한다. 이렇듯 한 사람의 이야기는 또 다른 누군가에게 삶의 의미를 일깨워줄 수 있다. 이 자체로도 삶의 이야기는 모두 의미가 있다.

이들이 내게 전해준 삶의 가르침에 비하면 내 책은 작고 초라하게 느껴진다. 그렇지만 내가 이들의 이야기로 세상살이에 도움을 받았듯 독자분들도 이 책을 통해 자신의 삶에 조금이라도 변화가 생긴다면 좋겠다.

끝으로 나를 끝없이 믿고 지켜봐 주시는 아버지와 어머니, 엄청난 압박 속에서도 늘 한 숟가락의 여유를 떠먹여 주는 아내와 아들에게 감사의 마음을 전한다.

당신들 덕분에 내 삶이 자유롭고 풍성하다.

2020년 3월

정정엽

본문 그림 ⓒ Celia Jacobs

4쪽 〈Glad Succulent〉, 48쪽 〈Elevator〉, 101쪽 〈Washing Your Face in The River〉, 119쪽 〈Shatter〉,
188쪽 〈Imbalance〉, 208쪽 〈Wilting〉, 226쪽 〈The Narrows〉, 264쪽 〈Vallejo Yard〉

내 감정의 주인이 되는 자기결정권 연습

내 마음은 내가 결정합니다

초판 1쇄 발행 2020년 3월 18일
초판 2쇄 발행 2020년 4월 6일

지은이 정정엽
펴낸이 김선식

경영총괄 김은영
책임편집 임경진 **디자인** 황정민 **크로스교정** 조세현 **책임마케터** 박태준
콘텐츠개발4팀장 윤성훈 **콘텐츠개발4팀** 황정민, 임경진, 김대한, 임소연
마케팅본부장 이주화 **채널마케팅팀** 최혜령, 권장규, 이고은, 박태준, 박지수, 기명리
미디어홍보팀 정명찬, 최두영, 허지호, 김은지, 박재연, 배시영
저작권팀 한승빈, 이시은
경영관리본부 허대우, 하미선, 박상민, 윤이경, 권송이, 김재경, 최완규, 이우철
외부스태프 북에디팅 방미희

펴낸곳 다산북스 **출판등록** 2005년 12월 23일 제313-2005-00277호
주소 경기도 파주시 회동길 357 3층
전화 02-702-1724 **팩스** 02-703-2219 **이메일** dasanbooks@dasanbooks.com
홈페이지 www.dasanbooks.com **블로그** blog.naver.com/dasan_books
종이 (주)한솔피앤에스 **출력·인쇄** 민언프린텍 **후가공** 평창P&G **제본** 정문바인텍

ISBN 979-11-306-2877-6(03180)

다산북스(DASANBOOKS)는 독자 여러분의 책에 관한 아이디어와 원고 투고를 기쁜 마음으로 기다리고 있습니다.
책 출간을 원하는 아이디어가 있으신 분은 다산북스 홈페이지 '투고원고'란으로 간단한 개요와 취지, 연락처 등을
보내주세요. 머뭇거리지 말고 문을 두드리세요.